FREE your FOOD

CLEAN EATING MIT ÜBER 80 KÖSTLICH VEGANEN, SOJAFREIEN REZEPTEN

INHALT

Einleitung 2

Free Your Food! 4

Warum vegan? 6

Fit und vital mit veganer Ernährung 8

Basics zu Soja 13

Kleine Warenkunde 18

Die bunte Welt der Hülsenfrüchte 20

Fett – wichtiger Geschmacks-und Energieträger 22

Protein – nicht zu viel und nicht zu wenig 24

Kohlenhydrate – Treibstoff für unseren Körper 28

Superfoods – Pflanzen mit Superkräften?! 32

Rohkost – Lebensmittel in ihrer natürlichsten Form 34

Grüne Smoothies – belebende Vitaldrinks 36

Gesunder Lifestyle mit allem, was dazugehört 38

Hinweise zu den Rezepten 40

Küchenausstattung 44

REZEPTE 47

FRÜHSTÜCKS-IDEEN *Mit Power in den Tag* 49

Little Miss Sunshine 51

Fruchtige Zebracreme 52

Good Morning Bowl 55

Cocolove 56

Morgenmuffel-Müsli 59

Pink Buckwheat-Cup 60

Blueberry Breakfast 63

Lady in Black 65

Green Bowl 66

Baked Veggie-Oatmeal 69

Mohnpancakes mit Zitruskompott 70

Blackberry-Brötchen 73

Baobab-Fruchtaufstriche 74

SEITE 60

SMOOTHIES & DRINKS *Schlürfen erlaubt!* 77

SEITE 96

Piña-Colada-Smoothie mit Kurkuma 78
Lemongrass-Smoothie 80
Triple Green 81
Coconut-Kiss 83
Tigernut-Shake 84
Frucht-Kefir 87
Pfirsich-Hanfmylk 88
Goji-Sunrise 91
Kombucha-Energizer 93
Summerbreeze 94
Orangen-Eistee mit Minze 96

SNACKS, SUPPEN & SALATE *leicht und lecker* 99

Matcha-Laugenbagels 100
Schnelle Leinsamen-baguettes 103
Torbellinos Italia 104
Antipasti mit Linsenhummus 107
Rohe Chinarollen 108
Thai-Gemüsesuppe 111
Linseneintopf »Smokey« 112
Brokkolicremesüppchen 115

SEITE 100

SEITE 120

Kichererbsen-Kürbissuppe 116
Apfel-Kichererbsen-Salat mit Grillpaprika 119
Erfrischender Melonensalat 120
Quinoa-Powersalat mit Sprossen 123
Fruchtiger Kelpnudel-Salat 124
Sommersalat mit Grillpfirsichen und Knoblauchbrot 127
Kohlrabitürmchen mit Mango-Salsa 128
Hummus-Schiffchen an Couscousinseln 131

HAUPTGERICHTE *Bitte zugreifen!*

Bunte Energy-Wraps   134
Vitalburger Deluxe   137
Bulgurbällchen »Greek Style«   138
Mungbohnen-Reistopf   141
Glücksrollen »Regenbogen«   142
Ofengemüse mit Knobitunke   145
Gemüse-Wedges mit Dipduett   146
Flammkuchen rustico   149
Gemüsetaler mit Quinoa   150

SEITE 142

SEITE 146

Lupilaffel an Röstgemüse   153
Spinatpfannkuchen Greeny   154
Mediterrane Ofenauberginen   157
Stuffed Tomatoes   158
Süßkartoffel-Erbsen-Champignons mit Tomaten-Wildreis   161
Zoodles mit Asia-Kürbiscreme   162

Kohlrabispaghetti mit Tomatenallerlei   165
Kartoffelstampf »sweet ‚n' yummy«   166
Kartoffel-Pilz-Auflauf   169
Mohn-Ravioli mit Linsenfüllung   170
Grüntee-Soba mit Tomaten-Pestosoße   173
Pinke Pasta mit Kräutercreme   174

SEITE 174

SÜSSE NASCHEREIEN
Kuchen, Desserts & Co 177

Powerballs 178
Pieces of Delight 181
Erdbeer-Ingwereis mit Schokosoße 182
Green-Smoothie-Icecream 185

Mint Passion 186
Melonen-Schaum 189
Banana Heaven 190
Kombuchia 193
Schokotraum 194
Birnen-Türmchen 197
Kürbis-Cantuccini 198
Ginger-Cookies 201
Flowerpower 202

Black-Forest-Cupcakes 205
Zitronenpudding-Kuchen 206
Fruitlove-Rohkosttorte 209
Apfel-Streuselkuchen 210

BASICS *damit es schneller geht* 213

Buchweizen-Crunch auf Vorrat 214
Mango-Balsamico auf Vorrat 217
Müslimix 218

Free Your Food im Netz 220
Bezugsquellen 221
Stichwort-Verzeichnis von A-Z 222
Rezept-Verzeichnis 226
Abbildungsverzeichnis 227
Die Autorin 228
Impressum 230

Einleitung

Vegan kochen und trotzdem genießen? Was für viele anfangs wie ein Widerspruch klingt, stellt sich schnell als unglaublich treffend heraus, denn rein pflanzlich zu leben bedeutet weder Eintönigkeit noch Verzicht – im Gegenteil. Durch die Umstellung auf eine vegane Ernährungsweise lernen viele Menschen für sie bisher unbekannte Lebensmittel kennen und erweitern dadurch ihr Nahrungsspektrum deutlich, anstatt es zu schmälern.

Bei mir selbst war es ähnlich. Schon die Umstellung auf eine vegetarische, erst recht aber die Umstellung auf eine vegane Lebensweise führte dazu, dass ich mich noch stärker mit meiner Ernährung befasste und mit Lebensmitteln auseinandersetzte, wodurch sich mein Horizont deutlich erweiterte. Schnell entdeckte ich, wie viel Spaß ich daran hatte, einfach in die Küche zu gehen und drauflozukochen. Das positive Feedback von Freunden und Familie bestärkte mich darin, weiterzumachen.

Als Inspiration stöberte ich gern in unterschiedlichen veganen Kochbüchern, Zeitschriften oder auch auf Blogs, doch schnell stellte ich fest, dass in den meisten Rezepten Fleischersatz- und andere stark verarbeitete Produkte verwendet werden, von den Unmengen an sojahaltigen Erzeugnissen ganz zu schweigen. All dies hat meiner Ansicht nach in der frischen und gesunden Küche nichts zu suchen, denn Lebensmittel sollen uns wahrhaftig beleben, gesund erhalten und das Wohlbefinden steigern. Das ist nur möglich, wenn wir so naturnah wie möglich essen und unnatürliche Inhaltsstoffe wie Aromen, Geschmacksverstärker, Farb- und Konservierungsstoffe, die in stark verarbeiteten Nahrungsmitteln oft enthalten sind, weitgehend vermeiden.

Ich möchte zeigen, dass die vegane Küche weit mehr bietet als Fleischersatzprodukte und Soja. Deshalb habe ich Rezepte kreiert, die die enorme Vielfalt der pflanzlichen Ernährung repräsentieren, frisch und lecker schmecken und zudem gut für unsere Gesundheit und unser Wohlergehen sind. Die meisten Rezepte sind schnell zubereitet und ermöglichen es somit auch im stressigen Alltag, vollwertige Mahlzeiten auf den Tisch zu zaubern.

Neugierig? Dann lass dich von den abwechslungsreichen Rezepten inspirieren und begib dich auf eine spannende Entdeckungsreise. Ergänzend dazu findest du informative Texte zu ernährungsbezogenen Themen sowie praxisnahe Tipps und Tricks. Viel Spaß beim Ausprobieren und Stöbern!

Wer sich mit gesunder Ernährung befasst, landet früher oder später unweigerlich bei einer Ernährungsweise, die reich an frischen und natürlichen Lebensmitteln ist, ob vegan oder nicht, sei erst einmal dahingestellt. Doch selbst die vitamin- und mineralstoffreichste Ernährung führt nicht in vollem Maße zu Vitalität und Wohlbefinden, wenn regelmäßig auch stark verarbeitete Produkte konsumiert werden. Trotzdem fällt es vielen schwer, Konsequenzen aus dieser Erkenntnis zu ziehen und Industrienahrungsmittel weitgehend zu meiden. So landet im stressigen Uni- und Berufsalltag doch die ein oder andere Fertigpizza im Einkaufswagen und schließlich in unserem Bauch.

Jetzt aber mal ehrlich: So richtig glücklich und zufrieden ist nach so einem Essen doch niemand, oder? Erstens, weil die Pizza bei Weitem nicht so toll ausgesehen hat, wie auf der Packung angepriesen, und zweitens, weil sie auch geschmacklich einfach nie an eine selbst gebackene und frisch belegte Pizza herankommt. Leider ist die Fertigpizza nur eins von vielen stark verarbeiteten Produkten in unseren Supermärkten, die reich an Salz, Fett und Zucker, sowie teils voll mit Zusatzstoffen, Geschmacksverstärkern und künstlichen Aromen sind. Diese Stoffe sind nicht nur vollkommen überflüssig, sondern wirken sich zudem negativ auf unser Wohlbefinden aus.

Wir Menschen brauchen keine stark verarbeiteten Produkte, sondern genau die Lebensmittel, die die Natur uns reichlich schenkt. Früchte, Gemüse, Getreide, Hülsenfrüchte, Nüsse und Samen sind nährstoffreich und versorgen uns mit allem, was für ein gesundes, aktives Leben notwendig ist. Sie halten gesund und vital, verbessern Leistungsfähigkeit und Wohlbefinden und führen dazu, dass wir einfach rundum glücklich und zufrieden sind.

Deshalb lautet mein Appell an alle: *Free your Food!* Befreie deine Nahrung. Vermeide künstliche Lebensmittelzusatzstoffe sowie fett-, zucker- und salzreiche Fertigprodukte. Lerne stattdessen, mit frischen

Lebensmitteln zu kochen, den natürlichen Geschmack (wieder) zu schätzen und zu genießen.

Gesunde Ernährung bedeutet nicht, auf Soul Food wie Pizza, Pasta, Burger, Kuchen oder Eis zu verzichten. Gesunde Ernährung bedeutet, sich bewusst mit Lebensmitteln auseinanderzusetzen, mit natürlichen Zutaten schmackhafte Gerichte zuzubereiten und auf überflüssige Lebensmittelzusatzstoffe zu verzichten. Vielleicht sollten wir uns also das nächste Mal doch die Zeit nehmen und von Hand einen Teig kneten, ausrollen und nach Herzenslust mit knackigem Gemüse belegen!

Um dir den Schritt »back to the roots« (zurück zu den Wurzeln) zu erleichtern, habe ich abwechslungsreiche Rezepte entwickelt, die genau diesen Grundsätzen treu bleiben. Probiere es aus!

ALLE REZEPTE IN FREE YOUR FOOD SIND

VOLL MIT	FREI VON
unverwechselbarer Frische	tierischen Bestandteilen
unbezahlbarem Genuss	Soja und sojahaltigen Produkten
lebensnotwendigen Pflanzeninhaltsstoffen wie Vitaminen, Mineralstoffen und sekundären Pflanzenstoffen	Laktose
wertvollen Geschenken der Natur	stark verarbeiteten Produkten
Lebensfreude und Wohlbefinden	Haushaltszucker
reichlich Energie und	Konservierungsstoffen
einer riesigen Portion Liebe!	Farbstoffen
	Aromastoffen
	Geschmacksverstärkern

Warum VEGAN?

Kaum jemand lebt von klein auf vegan. Vielmehr entscheiden sich manche Menschen im Laufe ihres Lebens aus Überzeugung für den veganen Lebensstil. Die Gründe hierfür sind sehr vielschichtig und individuell. Für viele sind die gesundheitlichen Vorteile einer rein pflanzlichen Ernährung entscheidend und die Überzeugung, dass tierische Produkte dem menschlichen Organismus nicht guttun. Bei anderen geben ethische Aspekte wie Tierschutz und Tierrechte den Ausschlag, da keiner das Recht dazu hat, andere Lebewesen auszubeuten. Umweltschutz und Bekämpfung des Welthungers sind weitere Beweggründe hin zu einem rein pflanzlichen Ernährungsstil.

Die vegane Lebensweise bringt in der Regel ein insgesamt bewussteres *Konsumverhalten* mit sich, das weit über die Ernährung hinausgeht. Veganer legen Wert auf die Verwendung von Naturkosmetik und veganen Putzmitteln sowie auf Kleidung ohne tierische Materialien und noch vieles mehr. Dies sind durchaus wichtige Aspekte, die es für jeden zu bedenken gilt, der sich näher mit dem Thema auseinandersetzt. Allerdings würde ein Beleuchten all dieser Punkte den Rahmen des Buchs sprengen. Im Folgenden wird daher nur die vegane Ernährung thematisiert.

VEGAN IST NICHT AUTOMATISCH GESÜNDER

Streiche Fleisch und andere tierische Lebensmittel vom Speiseplan und du lebst automatisch gesünder. Dies wird uns zumindest in den Medien oft verkauft, doch ganz so einfach ist es nicht. Wer keine tierischen Produkte verzehrt, entlastet dadurch zwar seinen Körper, doch wenn trotzdem weiterhin täglich Fast Food, stark verarbeitete Fertigprodukte sowie fett- und zuckerreiche Lebensmittel auf dem Speiseplan stehen, ist dies weder gesünder noch führt es zu einem besseren Wohlbefinden. Leider gibt es viele sogenannte »Pudding-Veganer«, die vorwiegend fett- und zuckerreiche, stark verarbeitete Nahrungsmittel verzehren und diese Ernährungsweise für optimal und bedarfsdeckend halten.

Lass dich dadurch nicht beirren, finde und gehe deinen Weg. Um von den Vorteilen einer rein pflanzlichen Ernährung profitieren zu können, ist nämlich ein weiterer Schritt notwendig: Nicht nur weg von tierischen Produkten, sondern auch hin zu einer Ernährung auf Basis von frischen, weitgehend unverarbeiteten Lebensmitteln. Wie diese im Detail aussehen kann, erfährst du in den folgenden Abschnitten. Die praktische Umsetzung möchte ich dir mit meinen Rezepten in Free Your Food erleichtern.

FIT UND VITAL
mit Veganer Ernährung

NUR MÖHREN UND SALAT?

In der gesundheitsbewussten, rein pflanzlichen Küche findet eine enorme Vielfalt an Lebensmitteln ihren Platz, die weit über Möhren und Salat hinausgeht. Die Basis der veganen Ernährung bilden frisches Obst und Gemüse, (Vollkorn-)Getreideprodukte, Kartoffeln, Reis, Hülsenfrüchte, Nüsse und Samen. Abwechslungsreich zusammengestellt kann durch die rein pflanzliche Kost bei gesunden Menschen eine adäquate Versorgung mit allen Vitaminen und Mineralstoffen gewährleistet werden. Die einzige Ausnahme ist Vitamin B_{12} (siehe unten).

Doch damit nicht genug. Die vegane Kost bietet viele weitere Vorteile: Sie wirkt belebend, belastet nicht und macht rundum fit und vital. Besonders für Menschen, die von einer herkömmlichen Ernährungsweise mit Fleisch und Milchprodukten direkt zu einer natürlichen, rein pflanzlichen Kost wechseln, sind diese positiven Veränderungen deutlich spürbar.

SONDERFALL VITAMIN B_{12}

Wie alle Vitamine ist Vitamin B_{12} essenziell, d. h., es kann nicht vom Körper gebildet und muss daher über die Nahrung zugeführt werden (Ausnahme ist Vitamin D). Da Vitamin B_{12} fast ausschließlich in tierischen Produkten vorkommt, ist bei einer langjährigen veganen Ernährung die ausreichende Versorgung mit diesem Vitamin kritisch. Der Körper verfügt zwar über Vitamin-B_{12}-Speicher, doch diese sind, wenn keine Vitamin-B_{12}-haltigen Produkte verzehrt werden, nach ca. zwei Jahren erschöpft. Daher ist eine Supplementation mit Vitamin B_{12} nahezu unumgänglich.

Es gibt einige rein pflanzliche Produkte, die Vitamin B_{12} enthalten. Dazu gehören fermentierte Produkte wie Sauerkraut, angereicherte Lebensmittel wie Pflanzendrinks und die Mikroalge Chlorella. Eine ausreichende Versorgung allein durch die genannten Produkte wird von führenden Ernährungsorganisationen jedoch als schwer umsetzbar eingeschätzt und daher nicht empfohlen.

GESUNDHEITLICHE VORTEILE EINER REIN PFLANZLICHEN ERNÄHRUNG

Eine vegane Ernährungsweise wird in der Gesellschaft mehr und mehr als gesund anerkannt und akzeptiert. Voraussetzung hierfür ist selbstverständlich, dass die Ernährung wohlbedacht und abwechslungsreich zusammengesetzt ist und zu einem Großteil aus naturbelassenen, frischen Lebensmitteln besteht. Die Ergebnisse zahlreicher Studien, die mit veganen Probanden durchgeführt wurden, unterstützen dies auf wissenschaftlicher Ebene.

Gesundheitliche Vorteile, die eine vegane, fettarme Ernährung mit sich bringen kann, sind:

* eine bessere Versorgung mit lebenswichtigen Vitaminen (Ausnahme Vitamin B_{12})
* niedrigere Cholesterinwerte
* ein niedrigerer Blutdruck
* eine bessere Verdauung
* ein schöneres Hautbild
* ein besseres Körpergefühl
* mehr Wohlbefinden

Die Liste könnte noch um weitere Punkte ergänzt werden, doch sicherlich reicht diese Zusammenstellung vorerst aus, um sich einen Überblick über die weitreichenden positiven Wirkungen der veganen Lebensweise zu verschaffen. Worauf beruhen nun aber die gesundheitlichen Vorteile einer veganen gegenüber einer omnivoren Ernährungsweise?

Weniger gesundheitsbeeinträchtigende Inhaltsstoffe

Durch eine vegane Ernährung werden viele Stoffe, die der Gesundheit hinderlich sind, nicht oder in deutlich geringerer Menge aufgenommen als bei einer omnivoren Ernährungsweise. Dazu zählen Cholesterin und gesättigte Fettsäuren, die fast ausschließlich in tierischen Produkten vorkommen und das Risiko für Herz-Kreislauf-Erkrankungen erhöhen können. Die in Fleisch und Fisch enthaltenen Purine können bei häufigem Verzehr zu einem Anstieg des Harnsäurespiegels und infolgedessen zu Ablagerungen an den Gelenken führen. Aufgrund der derzeitigen Haltungsformen in der Tiermast sind große Mengen an

Antibiotika notwendig, um die Tiere gesund zu halten. Die Antibiotika reichern sich im Fleisch an und landen direkt auf dem Teller, ebenso wie Wachstumshormone, die den Tieren gegeben werden, um schneller an Gewicht zuzulegen.

Zusätzliches Plus von Free Your Food: Verzicht auf Zusatzstoffe

Veganer nehmen allein durch den Verzicht auf tierische Produkte weniger schädliche Inhaltsstoffe zu sich als Mischköstler. Bei der Verarbeitung in der Lebensmittelindustrie wird jedoch auch veganen Produkten oft eine Vielzahl an Zusatzstoffen wie Farb- und Konservierungsstoffe, Aromen und Geschmacksverstärker zugesetzt, um Haltbarkeit zu gewährleisten, Aussehen und Verarbeitungseigenschaften zu verbessern und mehr. Wer sich einmal näher mit der Zubereitung von Lebensmitteln beschäftigt, stellt jedoch schnell fest, dass auf diese zugesetzten Stoffe meist problemlos verzichtet werden kann, wenn die Produkte frisch in der eigenen Küche hergestellt werden.

Für die Rezepte in Free Your Food kommen frische, natürliche und weitgehend unverarbeitete Zutaten zum Einsatz, die die Verwendung von Zusatzstoffen vollkommen überflüssig machen. Somit ist gewährleistet, dass unser Körper nicht mit künstlichen Stoffen belastet wird. Wer trotzdem gelegentlich auf verarbeitete Produkte zurückgreift, sollte diese aus dem Biomarkt beziehen. Die dort erhältlichen Produkte enthalten teils keine, zumindest aber deutlich weniger Zusatzstoffe als vergleichbare konventionelle Produkte und sind deshalb, nicht nur in dieser Hinsicht, die bessere Wahl.

Mehr gesundheitsförderliche Inhaltsstoffe

Die gesundheitsförderlichen Aspekte einer veganen, fettarmen Ernährungsweise sind nicht nur auf die Abwesenheit gesundheitsbeeinträchtigender Inhaltsstoffe zurückzuführen. Mindestens genauso bedeutsam ist die Tatsache, dass durch eine rein pflanzliche Ernährung im Vergleich zur omnivoren Ernährungsweise im Schnitt eine höhere Menge gesundheitsförderlicher Inhaltsstoffe, wie z. B. Vitamine, Ballaststoffe und sekundäre Pflanzenstoffe, aufgenommen wird. Zu den besten Nährstofflieferanten zählen Obst, Gemüse, Vollkorngetreide, Hülsenfrüchte sowie Nüsse und Samen.

Sekundäre Pflanzenstoffe

Pflanzliche Lebensmittel enthalten neben Vitaminen und Mineralstoffen noch weitere Inhaltsstoffe, die sich gesundheitsförderlich auf den menschlichen Organismus auswirken können, nämlich die sogenannten sekundären Pflanzenstoffe. Dabei handelt es sich um Inhaltsstoffe, die keine Energie liefern, aber viele nützliche Funktionen für die Pflanze selbst und den menschlichen Organismus haben können. In besonders großer Menge sind sie in Obst und Gemüse und hier vor allem in der Schale sowie den äußeren Blättern enthalten.

Sekundäre Pflanzenstoffe können je nach Art:
* das Erkrankungsrisiko mancher Krebsarten senken
* das Risiko in Bezug auf Herz-Kreislauf-Erkrankungen minimieren
* den Blutdruck senken
* den Cholesterinspiegel positiv beeinflussen
* Entzündungen hemmen
* Bakterien in ihrem Wachstum hemmen
* das Immunsystem stärken
* und vieles mehr

Beispiele für sekundäre Pflanzenstoffgruppen sind Carotinoide, die in rot-orangefarbenen Obst- und Gemüsesorten vorkommen (u. a. Karotten, Kürbis, Paprika, Aprikosen) und Polyphenole, die unter anderem in Hülsenfrüchten, Getreide, Äpfeln und Kirschen enthalten sind.

Je bunter und abwechslungsreicher unsere Ernährung zusammengestellt ist, desto eher ist gewährleistet, dass wir die verschiedenen sekundären Pflanzenstoffe aufnehmen und von den vielfältigen Wirkungen profitieren können. Allerdings sind nicht alle sekundären Pflanzenstoffe gleichermaßen förderlich für die menschliche Gesundheit. Deshalb sollte auch bei einer pflanzenbasierten Kost eine einseitige Lebensmittelauswahl vermieden werden.

VEGANER LIFESTYLE UND SPORT

Viele Menschen denken bei Veganern noch immer an blasse, krank aussehende Menschen, die kaum Energie haben, um den Alltag zu bewältigen, geschweige denn sportlich aktiv zu sein. Dabei schließen sich vegane Ernährung und sportliche Leistungsfähigkeit auf keinen Fall aus, im Gegenteil: Durch eine pflanzliche Ernährungsweise kann die Leistungsfähigkeit sogar häufig verbessert werden. Sowohl im Ausdauerbereich als auch im Kraftsport gibt es mittlerweile eine Vielzahl an namhaften Sportlern, die sich vegan ernähren und damit beachtliche Erfolge erzielen. Hierzu zählen unter anderem Brendan Brazier, Patrik Baboumian, Frank Medrano, Cornelia Ritzke – und auch immer mehr Profifußballer werden offen für eine vegane Ernährung. Einige von ihnen entschieden sich gezielt für die vegane Lebensweise, mit der Absicht, durch die pflanzliche Ernährung ihre sportliche Leistungsfähigkeit zu verbessern. Ihre Erfolge sprechen für sich und verdeutlichen, dass eine vegane Ernährung die notwendige Energie liefert, um Höchstleistungen erzielen zu können.

Basics zu SOJA

Die Sojabohne ist eine grüne Hülsenfrucht, die in asiatischen Ländern bereits seit Jahrhunderten ein wesentlicher Bestandteil der Ernährung ist. In Europa hat sich die Nachfrage nach Soja erst in den vergangenen Jahrzehnten entwickelt und seither drastisch erhöht. Die grüne Bohne wird aufgrund ihres hohen Eiweißgehalts und der unglaublich vielfältigen Verwendungsmöglichkeiten sehr geschätzt. Vor allem für Vegetarier und Veganer stellt Soja eine einfache Möglichkeit dar, den Speiseplan zu erweitern, da eine Vielzahl veganer Lebensmittel, die als Ersatz für tierische Produkte angeboten werden, auf Sojabasis hergestellt wird. Das Sortiment reicht von Tofu, Miso, Tempeh, Sojamilch, Sojajoghurt, Sojadesserts und Sojaeis über Sojafleischersatzprodukte und Sojawurst bis hin zu Sojafrischkäse. Durch die enorme Auswahl fällt es leicht, auf tierische Produkte zu verzichten und dennoch abwechslungsreich zu essen. Doch was für manche als enorme Bereicherung der pflanzlichen Küche gesehen wird, stellt für diejenigen, die Soja nicht bzw. nicht mehr vertragen oder ihren Sojakonsum reduzieren möchten, eine große Herausforderung dar. Zum einen betrifft dies die Verzehrgewohnheiten sowie die Kochroutine, zum anderen wirkt es sich auf das körperliche Wohlbefinden aus, falls doch sojahaltige Speisen verzehrt werden.

ALLERGIE ODER UNVERTRÄGLICHKEIT?

Vorab von besonders großer Bedeutung ist die Unterscheidung zwischen einer Sojaallergie und einer Sojaunverträglichkeit, da dadurch die notwendige Konsequenz festgelegt wird.

Von einer Allergie wird aus medizinischer Sicht dann gesprochen, wenn durch Lebensmittelbestandteile eine Immunabwehr des Körpers hervorgerufen wird. Bei Menschen, die an einer Sojaallergie leiden, können bereits geringste Mengen Soja lebensbedrohlich sein. Die Betroffenen haben keine andere Wahl, als jegliche Lebensmittel, die

Bestandteile – auch Spuren (!) – von Soja enthalten, strikt zu meiden. In Deutschland haben ca. 0,3-0,4 % der Bevölkerung eine Sojaallergie. Deutlich häufiger tritt eine Sojaunverträglichkeit auf, es existieren jedoch keine exakten Zahlen. Liegt eine Unverträglichkeit vor, muss nicht ganz so streng auf den Verzicht von Soja geachtet werden wie bei einer Allergie. Lebensmittel, in denen Soja nur in Spuren vorkommt, können problemlos konsumiert werden. Selbst Produkte, die Soja in sehr kleinen Mengen enthalten, bereiten häufig keine Probleme. Außerdem kommt es vor, dass trotz einer Sojaunverträglichkeit einzelne sojahaltige Lebensmittel gut vertragen werden. Fermentierte Sojaprodukte wie Tempeh, Miso und Sojasoße, sind grundsätzlich verträglicher als nicht fermentiertes Soja. Je nach Motiv für das Meiden von Soja muss jeder selbst entscheiden, ob er konsequent auf Soja verzichten oder ausprobieren möchte, ob nicht doch das eine oder andere Sojaprodukt vertragen wird.

Symptome einer Sojaunverträglichkeit

Nahrungsmittelunverträglichkeiten haben meist sehr ähnliche Symptome, weshalb die Symptome einer Sojaunverträglichkeit eher unspezifisch sind. Sie reichen von Übelkeit, Durchfall und Erbrechen über Hautveränderungen wie Neurodermitis bis hin zu Schwellungen im Mund-Rachen-Bereich und daraus resultierenden Atembeschwerden.

Wenn der Verdacht besteht, dass ein Lebensmittel nicht vertragen wird, ist ein Arzt, Allergologe oder ein Ernährungsberater aufzusuchen. Zudem wird empfohlen, über mehrere Tage ein Ernährungstagebuch zu führen. Darin werden sämtliche konsumierten Lebensmittel sowie etwaig auftretende Symptome protokolliert. Dies erleichtert es Ernährungsberatern und Ärzten herauszufinden, was die Ursache für die Beschwerden sein könnte.

WO VERSTECKT SICH SOJA?

Nicht immer ist offensichtlich, dass ein Produkt Soja enthält, denn Soja kann unter vielen Bezeichnungen und in vielen Lebensmitteln auftauchen. Die wichtigsten sind nachstehend aufgeführt.

Bezeichnungen für Soja und Sojaerzeugnisse

Sojabohnen, Sojamehl, Sojagrieß, Sojamilch, Sojadessert, Sojaöl, E 322 Sojalecithin, E 426 Sojabohnen-Polyose, Sojaeiweiß, Tofu, Miso, Tempeh, TVP (texturiertes Pflanzenprotein), Sojasprossen, Edamame, Kinako, Natto, Okara, Yuba

Lebensmittel, die Soja enthalten (können)

Würzsoßen (Soja, Shoyu, Tamari, Teriyaki, Worcester), vegetarische Aufstriche und Gerichte, Surimi, Brot- und Backwaren, Burger, Wurstwaren

Neue Kennzeichnungspflicht

Soja ist eines der 14 Hauptallergene. Alle 14 Hauptallergene zusammen sind insgesamt für etwa 90 % der Lebensmittelallergien verantwortlich. Am 13. Dezember 2014 trat in der EU eine neuartige Lebensmittelinformationsverordnung (LMIV) zum Schutz der Verbraucher in Kraft, die es deutlich vereinfacht, sojahaltige Lebensmittel zu identifizieren. Seither müssen die 14 Hauptallergene, zu denen Soja zählt, nicht nur auf abgepackter Ware besonders gut sichtbar als Zutat aufgeführt sein, sondern auch bei loser, unverpackt abgegebener Ware deklariert werden. Dadurch wird Allergikern, Menschen mit einer Lebensmittelunverträglichkeit sowie Konsumenten, die bewusst auf bestimmte Inhaltsstoffe verzichten wollen, der tägliche Einkauf sowie die Verpflegung außer Haus enorm erleichtert.

GRÜNDE FÜR EINE ERNÄHRUNG OHNE SOJA

Der ausschlaggebende Punkt für den Verzicht auf sojahaltige Lebensmittel ist meist eine Unverträglichkeit oder gar Allergie gegen die grüne Hülsenfrucht und die daraus hergestellten Produkte. Darüber hinaus entscheiden sich immer mehr Menschen bewusst dafür, keine

Sojaprodukte mehr zu essen oder zumindest den Konsum deutlich zu minimieren. Im nachfolgenden Teil findest du ausgewählte Gründe hierfür.

- In der Agrarwirtschaft wird häufig genetisch verändertes Soja angebaut, das in erster Linie in der Nutztierhaltung als Futtermittel verwendet wird. In Deutschland ist der kommerzielle Anbau von genetisch veränderten Organismen, kurz GVOs, seit 2012 nicht gestattet. Ohnehin wird für menschliche Nahrungsmittel meist Soja aus Bio-Anbau verwendet. Dennoch führt die Befürchtung, dass eine strikte Trennung von natürlichen und genetisch veränderten Organismen nicht möglich ist und GVOs zum Selbstläufer werden, dazu, dass immer mehr Verbraucher auf Sojaprodukte verzichten.

- Soja wird oft aus Übersee importiert und ist somit nicht regional. Durch die steigende Nachfrage nach Soja als Nahrungsmittel gibt es mittlerweile allerdings zunehmend Sojabauern in Europa, die die grüne Hülsenfrucht in Bioqualität anbauen und dazu beitragen, Transportwege zu verkürzen. Damit wird der ökologische Fußabdruck inklusive der Menge an Treibhausgasen verringert.

- Sojabohnen enthalten Isoflavonoide, die chemisch gesehen eine ähnliche Struktur wie das weibliche Geschlechtshormon Östrogen besitzen und deshalb schwach hormonell wirken. Kleine Dosen Soja werden als gesundheitsförderlich angesehen, doch über die Auswirkungen eines hohen Sojakonsums herrscht Uneinigkeit. Manche Forscher führen Entwicklungsstörungen, Unfruchtbarkeit und Schädigungen des Nervensystems auf die in Soja enthaltenen Phytoöstrogene zurück. In zahlreichen Studien hingegen konnte kein Zusammenhang zwischen diesen Beeinträchtigungen und einem hohen Sojakonsum festgestellt werden, außer bei Menschen, die eine besondere Empfindlichkeit gegenüber Soja aufweisen. Wie immer gilt also auch bei Soja: Die Menge macht's.

- In Soja enthaltene Goitrogene können die Schilddrüsenaktivität beeinflussen und sowohl zu Kropfbildung als auch zu einer Schilddrüsenunterfunktion, einer sogenannten Hypothyreose, führen. Vor allem Menschen, bei denen eine Schilddrüsenerkrankung bekannt ist, sollten von übermäßigem Verzehr absehen.

- Soja wird häufig als Bestandteil von stark verarbeiteten Industrieprodukten angeboten, insbesondere in Form von Fleischersatzprodukten. Diese enthalten in der Regel Geschmacksverstärker, Konservierungsstoffe, viel Salz und Fett, allerdings kaum Vitamine und haben nichts mehr mit einem natürlichen Lebensmittel zu tun.

WODURCH KÖNNEN SOJAPRODUKTE ERSETZT WERDEN?

Veganismus und der Verzicht auf Soja schließen einander nicht aus, allerdings ist mehr Achtsamkeit und Ernährungswissen beim Einkauf notwendig. Eine Auswahl an sojafreien Alternativen, die anstelle sojahaltiger Produkte verwendet werden können, ist in der nachfolgenden Tabelle zu sehen.

SOJAPRODUKTE UND SOJAFREIE ALTERNATIVEN

Sojajoghurt	Kokosjoghurt, Reisjoghurt, Nussjoghurt, Joghurt auf Basis anderer Pflanzendrinks (gekauft oder selbst gemacht)
Sojadrink	Haferdrink, Dinkeldrink, Reisdrink, Kokosdrink, Mandeldrink, Cashewdrink, Macadamiadrink, Haselnussdrink, Quinoadrink, Hanfdrink
Sojasahne	Hafersahne, Dinkelsahne, Kokossahne, Mandelsahne, Nusssahne, Kokosmilch
Tofu	Kichererbsen-Tofu, Linsen-Tofu, Seitan
Tempeh	Lupinentempeh, Kichererbsentempeh
Tofubratling	Bratlinge aus Hülsenfrüchten, Reis, Hirse, Couscous, Haferflocken, Getreidekörnern, Kartoffeln, stärkereichem Gemüse
texturiertes Sojagranulat	Linsen, Buchweizen, Grünkern, grob geschrotete Getreidekörner, Samen
Sojabohnen	Lupinenkerne, weiße Bohnen, Kichererbsen
Sojamehl	Chiamehl, Leinsamenmehl, Mandelmehl
Sojaprotein	Hanfprotein, Reisprotein, Erbsenprotein, Lupinenmehl, Mandelmehl

BASICS ZU SOJA

Kleine WARENKUNDE

Die Rezepte in Free Your Food bestehen zum Großteil aus frischem Obst und Gemüse. Damit möglichst keine Lebensmittel wegen Verderb entsorgt werden müssen, wird nun ein kleiner Überblick zur Handhabung von frischen Lebensmitteln gegeben.

EINKAUF UND LAGERUNG VON FRISCHEN LEBENSMITTELN

Reifegrad beachten

Nicht alle Obst- und Gemüsesorten reifen nach der Ernte nach. Abhängig ist dies davon, ob die Früchte das Reifegas Ethylen ausstoßen oder nicht. Zu den nachreifenden Früchten gehören z. B. Äpfel, Bananen, Birnen, Kiwis, Melonen, Pfirsiche, Nektarinen, Aprikosen, Zwetschgen und Avocados. Bei Beeren, Zucchini, Auberginen, Gurken, Paprika, Trauben, Zitrusfrüchten, Blatt-, Kohl-, Wurzel- und Knollengemüse ist bereits beim Einkauf darauf zu achten, reife Exemplare auszuwählen, da sie nicht mehr nachreifen. Früchte, die nachreifen, sollten nicht neben nicht nachreifenden Sorten gelagert werden, da dies zu vorzeitigem Verderb führen kann.

Was gehört in den Kühlschrank?

Viele Obst- und Gemüsesorten verderben im Sommer schnell, wenn sie bei Raumtemperatur gelagert werden. Deshalb ist es besser, Äpfel, Beeren, Salate und Co. im Gemüsefach des Kühlschranks zu lagern. Allerdings mögen nicht alle Sorten die Kälte. Vor allem Südfrüchte wie Bananen und Ananas sind warme Temperaturen gewohnt und sollten lieber bei Raumtemperatur aufbewahrt werden. Gurken, Tomaten und Zucchini sind ebenso außerhalb des Kühlschranks besser aufgehoben.

NUR FRISCH IST GUT?

Manchmal fehlt es im Alltag schlichtweg an Zeit oder Lust, regelmäßig frisches Obst und Gemüse einzukaufen. Tiefgekühltes Gemüse und Konserven können hier Abhilfe schaffen und dafür sorgen, dass dennoch bunt und abwechslungsreich gekocht werden kann. Wie sieht es jedoch mit dem Vitamingehalt aus und können haltbar gemachte Lebensmittel es ohne Weiteres mit frischen Lebensmitteln aufnehmen?

Alles cool – Tiefkühlgemüse

Gemüse, das wir in tiefgekühltem Zustand im Laden kaufen können, wird dann geerntet und verarbeitet, wenn die jeweilige Gemüsesorte Saison hat. Durch moderne Technik ist zudem eine schnelle Verarbeitung gewährleistet, sodass tiefgekühltes Gemüse einen vergleichbar hohen oder sogar noch höheren Gehalt an Vitaminen enthält als frisches Gemüse. Wem die geringen Einbußen der Konsistenz durch das Einfrieren sowie das anschließende Auftauen nichts ausmachen, der kann also problemlos tiefgekühltes Gemüse verwenden und dadurch Zeit sparen.

Konserven

Bei Gemüsekonserven sieht es ein wenig anders aus. Das hierfür verarbeitete Gemüse muss erhitzt werden, damit die Haltbarkeit gewährleistet ist, wodurch wertvolle Inhaltsstoffe verloren gehen. Außerdem werden Gemüsekonserven meist Salz und häufig auch Zucker zugesetzt, um die Haltbarkeit zusätzlich zu verlängern. Hier lohnt es sich, mehrere Anbieter zu vergleichen, da nicht alle zusätzlichen Zucker hinzufügen. Frisches oder tiefgekühltes Gemüse ist dem Gemüse aus Konserven dennoch vorzuziehen.

Kichererbsen, Kidneybohnen und Co. haben hingegen eine Sonderstellung. Viele getrocknete Hülsenfrüchte müssen vor Verarbeitung eingeweicht werden und haben zudem teils längere Kochzeiten, weshalb Konserven mit Hülsenfrüchten eine enorme Zeitersparnis darstellen. Außerdem erlauben sie es, spontan und ohne große Vorbereitung einen leckeren Kichererbsensalat, orientalischen Hummus oder ein feuriges Chili zuzubereiten. Eine Auswahl an vorgegarten Hülsenfrüchten gehört deshalb neben getrockneten Hülsenfrüchten in jeden Vorratsschrank. Auch hier sollte beim Einkauf darauf geachtet werden, dass kein Zucker und möglichst wenig Salz zugesetzt ist. Nachhaltiger sind Produkte aus dem Glas statt der Dose.

KLEINE WARENKUNDE

Die bunte Welt der
HÜLSEN-FRÜCHTE

Rote Linsen, gelbe Linsen, grüne Linsen, schwarze Linsen, Berglinsen, Puylinsen … Bereits bei Linsen gibt es eine unglaubliche Vielfalt an Sorten, die sich in Geschmack, Konsistenz und Garzeit deutlich voneinander unterscheiden. Bei Bohnen geht diese Diversität gleich weiter: Schwarze und weiße Bohnen, Soja-, Kidney-, Mung-, Pinto-, Wachtelbohnen und viele mehr sorgen für Abwechslung auf dem Teller. Natürlich nicht zu vergessen sind auch Erbsen, Kichererbsen und Lupinen, die sich ebenfalls durch ihre Eigenschaften unterscheiden. Wehe, es behauptet jemand, er würde keine Hülsenfrüchte mögen. Bei dieser enormen Auswahl ist mit Sicherheit für jeden das Richtige dabei!

NICHT AUS DER (VEGANEN) KÜCHE WEGZUDENKEN

Es gibt viele gute Gründe, häufiger gesunde Hülsenfrüchte zu essen. Hülsenfrüchte, auch Leguminosen genannt, enthalten nur wenig Fett, im Schnitt aber stolze 24 g Eiweiß pro 100 g Trockengewicht. Damit sind sie eine wertvolle Proteinquelle und können dazu beitragen, den täglichen Eiweißbedarf zu decken. Außerdem sind sie reich an Ballaststoffen und bringen somit die Verdauung in Schwung. Ihr hoher Anteil an komplexen Kohlenhydraten sorgt für eine lang anhaltende Sättigung und liefert anhaltende Energie.

Du bist noch nicht überzeugt? Weitere Pluspunkte der bunten Hülsenfrüchte sind ihre lange, anspruchslose Lagerungsfähigkeit sowie ihr unschlagbar günstiger Preis. Sogar in Bio-Qualität sind sie sehr erschwinglich und somit nicht nur für Studenten eine optimale und zudem sehr ergiebige Lebensmittelgruppe.

JEDES BÖHNCHEN ...

Ein Teil der in Hülsenfrüchten enthaltenen komplexen Kohlenhydrate sind Oligosaccharide (Mehrfachzucker). Der menschliche Organismus hat keine Enzyme, die diese Oligosaccharide aufspalten können, sodass sie unverdaut in den Dickdarm gelangen. Dort werden sie durch natürliche Darmbakterien fermentiert und es können Gase entstehen. Viele Menschen verzichten deshalb auf Bohnen, Linsen & Co, doch es gibt durchaus Möglichkeiten, die kleinen Powerpakete bekömmlicher zu machen. Berücksichtige hierfür die folgenden Hinweise:

* Eingeweichte Hülsenfrüchte sind verträglicher. Idealerweise wird das Einweichwasser ein- bis zweimal gewechselt.
* Vor dem Kochen sind die eingeweichten Hülsenfrüchte gründlich zu spülen und dann in frischem Wasser zu garen.
* Eine Prise Natron im Kochwasser macht Hülsenfrüchte bekömmlicher und verkürzt zusätzlich die Garzeit.
* Bohnenkraut, Fenchel, Kümmel und Anis wirken verdauungsfördernd. Bohnen- und Linsengerichte, die mit diesen Gewürzen zubereitet werden, sind meist besser verträglich.
* Ein Schuss Essig macht Hülsenfrüchte nicht nur schmackhafter, sondern auch verträglicher.
* Bei regelmäßigem Verzehr von Hülsenfrüchten passt sich außerdem die Darmflora an, sodass Linsen- und Bohnengerichte mit der Zeit besser vertragen werden.

FETT
wichtiger Geschmacks- und Energieträger

»Ohne Fett schmeckt's nicht.« Fette sind bekannt dafür, den Geschmack von Speisen zu verbessern und zu verstärken. Hier ein Löffelchen Margarine aufs Brot, da ein bisschen Öl im Salatdressing und zum Braten, dort ein wenig Fett im Kuchen – in Industriestaaten wird tendenziell großzügig mit dem Geschmacksträger Fett umgegangen und die Menge, die notwendig ist, um die Körperfunktionen aufrechtzuerhalten, um ein Vielfaches überschritten.

Fett ist nicht nur Geschmacks-, sondern auch Energieträger. 1 g Fett enthält mehr als doppelt so viele Kilokalorien wie 1 g Kohlenhydrate oder Eiweiß (9 vs. 4 kcal). Wenn dauerhaft zu viel Nahrungsenergie und Fett aufgenommen werden, kann dies zu den viel verbreiteten Zivilisationskrankheiten wie Übergewicht und Erkrankungen des Herz-Kreislauf-Systems führen. Deshalb auf Nahrungsfette zu verzichten wäre jedoch gravierend falsch, denn unser Körper ist auf Fettzufuhr über die Nahrung angewiesen. Wichtig ist neben der Menge aber auch die Unterscheidung zwischen gesättigten und ungesättigten Fettsäuren. Gesättigte Fettsäuren kommen fast ausschließlich in tierischen Produkten vor, während ungesättigte Fettsäuren vorwiegend in

pflanzlichen Lebensmitteln enthalten sind. Erstere gelten als eine Ursache für erhöhte Blutfettwerte mit den damit einhergehenden Folgeerkrankungen. Grundsätzlich gilt: Je fester das Fett, desto mehr gesättigte Fettsäuren sind darin enthalten. Flüssige Öle sollten festen Fetten grundsätzlich vorgezogen werden.

ESSENZIELLE FETTSÄUREN

Es gibt essenzielle, lebensnotwendigen Fettsäuren, die der Körper nicht selbst herstellen kann. Der Organismus ist deshalb auf ihre Zufuhr über die Nahrung angewiesen. Besonders wertvoll sind Omega-3-Fettsäuren, denen entzündungshemmende Eigenschaften zugeschrieben werden. Mischköstler decken ihren Omega-3-Bedarf überwiegend aus Fisch. Gute vegane Quellen für Omega-3-Fettsäuren sind Leinsamen, Chiasamen, Walnüsse und Sojaöl. Sie sollten regelmäßig verzehrt werden.

NATÜRLICHE FETTQUELLEN

Idealerweise wird der tägliche Fettbedarf durch Verzehr von möglichst vollwertigen, kompletten Lebensmitteln gedeckt und nicht durch isolierte Fette in Form von Ölen oder gar Streichfetten. Besonders wertvolle natürliche Fettquellen sind Nüsse, Samen, Avocados und Oliven. Sie liefern neben essenziellen Fettsäuren zusätzliche gesunde Inhaltsstoffe wie Vitamine, Mineralstoffe und Ballaststoffe. Die meisten Rezepte in Free Your Food enthalten deshalb kein oder nur wenig Fett in Form von Ölen. Wenn überhaupt, dann sollten keine raffinierten Öle verwendet, sondern kalt gepresste, native Öle in hochwertiger Qualität bevorzugt werden.

PROTEIN
nicht zu viel
und nicht zu wenig

Welcher Veganer kennt sie nicht, die berüchtigte Frage: »Wo bekommst du denn dein Eiweiß her?« Dabei leidet in den westlichen Ländern, außer als Folge von Erkrankungen, wohl kaum jemand an Proteinmangel, weder Mischköstler noch Veganer. Die Sorge, nicht ausreichend Protein aufzunehmen, ist als gesunder, durchschnittlich aktiver Mensch somit völlig unbegründet.

EMPFOHLENE ZUFUHR

Die Deutsche Gesellschaft für Ernährung (DGE) empfiehlt für Erwachsene eine tägliche Proteinzufuhr von 0,8 g pro Kilogramm Körpergewicht, um ein aktives Leben führen zu können. Diese Werte werden auch von anderen internationalen Ernährungsinstitutionen als Richtwert angegeben.

Rechenbeispiel zur Veranschaulichung: Der durchschnittliche tägliche Proteinbedarf einer 60 kg schweren Person beträgt 48 g, der einer 85 kg schweren Person etwa 68 g.

Aufgrund des steigenden Verzehrs von tierischen Produkten liegt die tatsächliche durchschnittliche Proteinzufuhr der deutschen Bevölkerung deutlich darüber. Ein Zuviel an tierischem Eiweiß wird mit vielfältigen gesundheitlichen Auffälligkeiten in Verbindung gebracht, darunter z. B. einem erhöhten Harnsäurespiegel, Nierenschädigungen und Osteoporose. Sogar ein erhöhtes Risiko, an verschiedenen Krebsarten (Lungen-, Bauchspeicheldrüsen-, Magen-, Darm- sowie Brustkrebs und mehr) zu erkranken, wird im Zusammenhang mit einer hohen tierischen Proteinaufnahme diskutiert.

PROTEINVERSORGUNG BEI VEGANERN

Grundsätzlich ist es auch für Veganer mit moderatem Bewegungsverhalten kein Problem, den täglichen Proteinbedarf durch den Konsum pflanzlicher Lebensmittel zu decken. Sojaprodukte wie Tofu, der etwa 12 g Eiweiß auf 100 g Erzeugnis enthält, leisten hierbei oft einen wichtigen Beitrag. All diejenigen, die keine sojahaltigen Produkte verzehren können oder wollen, sollten sich etwas mehr Gedanken machen und ihre Ernährung noch sorgfältiger zusammenstellen. Doch keine Sorge, auch ohne Sojaprodukte ist eine bedarfsgerechte Proteinzufuhr gut möglich, wie die folgenden Beispiele zeigen.

Weiterführung des Rechenbeispiels: 48 g Eiweiß stecken beispielsweise in 100 g Quinoa (ungekocht), + 400 g Brokkoli + 200 g Spinat + 2 Bananen + 30 g Mandeln + 60 g Haferflocken.

68 g Eiweiß sind in 500 g Kartoffeln + 120 g roten Linsen (ungekocht) + 100 g Vollkornbrot + 100 g Feldsalat + 400 g Blumenkohl + 30 g Walnüssen + 2 Bananen enthalten.

Besonders wichtige Eiweißlieferanten sind Nüsse und Samen, (Vollkorn-)Getreide und sämtliche Hülsenfrüchte, wie Bohnen, Linsen, Erbsen und Kichererbsen. Grünes (Blatt-)Gemüse enthält, abgesehen von pflanzlichem Proteinpulver, prozentual die meisten Proteine bezogen auf die enthaltenen Kilokalorien und sollte nicht nur aus diesem Grund möglichst täglich gegessen werden.

PROTEINGEHALT PFLANZLICHER LEBENSMITTEL, ABSTEIGEND NACH PROTEIN PRO KILOKALORIE

LEBENSMITTEL	PROTEIN (G) JE 100 G LEBENSMITTEL	KILOKALORIEN (KCAL) JE 100 G LEBENSMITTEL	PROTEIN PRO KILOKALORIE (G/KCAL)	KILOKALORIEN AUS PROTEIN (%)
Reisprotein (87 %)	87	392	0,222	99,0
Spinat	3	16	0,188	75,0
Brokkoli	4	28	0,143	57,1
Hanfprotein (50 %)	50	390	0,129	51,3
Tofu	8	83	0,099	38,6
Linsen (roh)	24	278	0,086	34,5
Kichererbsen (roh)	19	305	0,062	24,9
Kürbiskerne	35	565	0,062	24,8
Dinkelkörner	17	321	0,053	21,2
Chiasamen	21	444	0,047	18,9
Erdnüsse	25	564	0,044	17,7
Kartoffeln (roh)	2	73	0,027	11,0

PROTEIN – NICHT ZU VIEL UND NICHT ZU WENIG

BESONDERHEITEN BEI SPORTLERN

Eins vorab: Zusätzliches Protein ist auch bei sehr aktiven Menschen und Sportlern nicht notwendig, es kann eine bedarfsgerechte Versorgung jedoch deutlich vereinfachen.

Sportler haben grundsätzlich einen höheren Kalorienverbrauch und -bedarf als Nichtsportler und nehmen folglich insgesamt mehr Nahrungskalorien auf, um ihr Körpergewicht zu halten. Dieses Mehr an Nahrung bedeutet automatisch auch ein Mehr an Eiweiß, sodass eine ausreichende Proteinzufuhr i. d. R. gewährleistet ist.

Wer intensives Krafttraining macht und deutlich Muskeln aufbauen will, kann von einer etwas erhöhten Proteinzufuhr profitieren. Diese lässt sich selbstverständlich auch durch proteinreiche Lebensmittel wie Hülsenfrüchte, Nüsse und Quinoa erzielen. Allerdings sind Shakes aus Pflanzenprotein eine unkomplizierte und kostengünstige Möglichkeit, um den Muskeln nach dem Training schnell hochwertiges Protein zur Verfügung zu stellen.

Bei Pflanzenprotein sollte darauf geachtet werden, dass es rohköstlich ist. Dadurch ist gewährleistet, dass die Inhaltsstoffe dem Körper komplett zur Verfügung stehen und ihre entsprechenden Funktionen erfüllen können. Reines Pflanzenproteinpulver ist fertigen Proteinshakes vorzuziehen, da diese oft Zucker oder Süßungsmittel und künstliche Aromen enthalten.

KOHLEN-HYDRATE
Treibstoff für unseren Körper

Kohlenhydrate sind der wichtigste Energielieferant für Muskeln und Gehirn. Dennoch sind sie in den letzten Jahren stark in Verdacht geraten, ungesund zu sein und dick zu machen. Schuld hieran sind zahlreiche Diätansätze, Werbung und die Lebensmittelindustrie, die erfolgreich propagieren, dass ein hoher Konsum von Kohlenhydraten maßgeblich zur Entstehung von Übergewicht und Adipositas beiträgt. Aufgrund dieser Annahme gibt es unzählige Diätkonzepte, wie »Low Carb«, »Schlank im Schlaf«, die Atkinsdiät und viele mehr, die den Konsum von Kohlenhydraten massiv einschränken.

Hierbei wird eins jedoch völlig außer Acht gelassen: Kohlenhydrate sind nicht gleich Kohlenhydrate! Dabei ist die Unterscheidung zwischen kurzkettigen und langkettigen Kohlenhydraten fundamental wichtig!

EHER SCHLECHTE KOHLENHYDRATE

Schuld am schlechten Image von Kohlenhydraten sind die kurzkettigen Kohlenhydrate, deren bekanntester Vertreter herkömmlicher Haushaltszucker ist. Aufgrund ihres süßen Geschmacks finden sie häufig bei der industriellen Herstellung von Lebensmitteln Verwendung. Besonders reich an kurzkettigen Kohlenhydraten sind Süßigkeiten wie Schokolade, Gummibärchen, Fruchtjoghurt, Pudding, Kuchen und gesüßte Erfrischungsgetränke, aber auch weiße Nudeln und Brote aus Weißmehl. Charakteristisch für kurzkettige Kohlenhydrate ist eine schnelle Verdaulichkeit, wodurch die Sättigungswirkung entsprechend gering und von kurzer Dauer ist. Gleichzeitig gelangen die Kohlenhydrat-Bausteine ziemlich schnell ins Blut, wodurch der Blutzuckerspiegel rapide ansteigt. Die Bauchspeicheldrüse schüttet daraufhin Insulin aus, sodass Zucker vom Blut in die Zellen transportiert werden kann und der

Blutzuckerspiegel wieder absinkt. Nach Verzehr von großen Mengen kurzkettiger Kohlenhydrate sinkt der Blutzucker häufig sogar unter den Ausgangswert. Dadurch sendet das Gehirn wieder das Signal »Hunger« und verlangt nach Nahrung – der Kreislauf beginnt von vorn. Deshalb sind kurzkettige Kohlenhydrate aus gesundheitlichen Aspekten eher negativ zu bewerten.

UND WAS IST MIT OBST ...?

Nun kann jemand sagen, Obst enthalte aber auch in erster Linie Einfachzucker und sei somit nicht optimal. Tatsächlich macht Fruktose (Fruchtzucker), die zu den Einfachzuckern gehört, je nach Obstsorte einen großen Teil der Gesamtkohlenhydrate in Früchten aus. Bitte komm aber NICHT auf den Gedanken, deinen Obstkonsum zu reduzieren, um die Aufnahme von kurzkettigen Kohlenhydraten zu senken! Wenn du die Aufnahme von schnell verfügbaren Kohlenhydraten senken möchtest, streiche Zucker, stark verarbeitete Produkte und gesüßte Getränke, aber niemals Früchte von deinem Speiseplan. Es gibt nämlich enorme Unterschiede, ob kurzkettige Kohlenhydrate in Form eines natürlichen, unverarbeiteten Lebensmittels wie Obst oder in Form von isoliertem und zugesetztem Zucker aufgenommen werden. Anders als Haushaltszucker, der lediglich leere Kalorien, aber keinerlei Nährstoffe liefert, werden dem Körper durch den Verzehr von Obst viele Ballaststoffe und lebensnotwendige Vitamine, Mineralstoffe und sekundäre Pflanzenstoffe zugeführt. Diese sind für die Körperfunktionen unerlässlich und durch nichts zu ersetzen, auch nicht durch industriell hergestellte Vitaminpräparate zur Nahrungsergänzung. Daher noch mal: Verzichte nie auf frisches Obst.

GUTE KOHLENHYDRATE

Wertvolle und aus ernährungsphysiologischer Sicht sehr zu empfehlende Kohlenhydrate werden auch als komplexe Kohlenhydrate bezeichnet. Reichlich enthalten sind sie vor allem in Vollkornprodukten, Hülsenfrüchten, Kartoffeln und stärkereichem Gemüse wie Karotten und Kürbis. Sie sollten in großer Menge Bestandteil der täglichen Ernährung sein und werden daher im Rezeptteil von Free Your Food reichlich verwendet.

Ihre Struktur ist deutlich komplexer, weshalb der Körper länger benötigt, um sie in ihre Bestandteile zerlegen und verdauen zu können. Dadurch halten komplexe Kohlenhydrate deutlich länger satt. Nach

Verzehr von langkettigen Kohlenhydraten steigt der Blutzuckerspiegel nur moderat und deutlich langsamer an. Durch den langsamen Anstieg wird erheblich weniger Insulin ausgeschüttet, sodass es zu einem kontrollierten Abbau des Blutzuckers ohne anschließende Heißhungeranfälle kommt.

Ballaststoffe gehören ebenfalls zu den guten Kohlenhydraten. Der Name ist dabei irreführend, denn sie sind keineswegs Ballast für den Körper, sondern haben vielmehr zahlreiche positive Wirkungen: Ballaststoffe können vom menschlichen Organismus nicht verdaut werden. Sie passieren den Magen und Dünndarm unbeschadet und werden erst im Dickdarm von den dort ansässigen guten Darmbakterien fermentiert. Ballaststoffe tragen so zu einer besseren Sättigung und zum Erhalt eines gesunden, funktionsfähigen Verdauungstrakts bei.

Aus den vorangegangenen Zeilen wird erkennbar, dass es gravierende Unterschiede zwischen den verschiedenen Kohlenhydraten gibt und keine pauschalen Aussagen über ihren gesundheitlichen Wert getroffen werden können. Als einfache Orientierung gilt: Kurzkettige Kohlenhydrate mit Ausnahme von Obst sollten nur in Maßen verzehrt werden. Bei langkettigen Kohlenhydraten kann dagegen unbeschwert zugegriffen werden. Allerdings solltest du auch nicht zu streng mit dir selbst sein. Wenn dich die Lust auf weiße Nudeln oder Weißbrot überkommt, gib dieser ruhig nach. Daran gibt es absolut nichts auszusetzen, sofern dies nicht zur täglichen Gewohnheit wird. Wichtig ist vor allem eins: Nicht mit schlechtem Gewissen, sondern mit Genuss essen!

NATÜRLICH SÜSSEN

Es gibt eine Vielzahl an Produkten, die herkömmlichen Haushaltszucker ersetzen können. Vorab sei jedoch eins gesagt: Trotz gesünderer Alternativen sollte versucht werden, Speisen möglichst wenig zu süßen und vielmehr die natürliche Süße und das Aroma von reifen Früchten zu genießen. Trotzdem gibt es natürlich vor allem bei der Zubereitung von Kuchen und Desserts Bedarf, den Grad der Süße zu erhöhen.

Die natürlichste Möglichkeit, mehr Süße zu erreichen, ist die Verwendung von Trockenfrüchten. Am häufigsten werden getrocknete Datteln verwendet. Sie werden mit flüssigen oder weichen Bestandteilen – wie Pflanzendrinks, Bananen oder Avocados – fein püriert und dann beispielsweise zu Dessertcremes oder Tortenfüllungen weiterverarbeitet. Neben Trockenfrüchten gibt es diverse flüssige Süßungsmittel, die aus Pflanzen gewonnen werden. Dazu zählen beispielsweise Dattelsirup, Ahornsirup, Apfeldicksaft, Birnendicksaft, Agavendicksaft und Reissüße. Trockene und somit streufähige Süßungsmittel sind Dattelsüße, Kokosblütenzucker, kristalline Reissüße, Birkenzucker, Erythrit oder Stevia.

Es gilt zu beachten, dass die natürlichen Süßungsmittel teils eine andere Süßkraft haben als Haushaltszucker, sodass die verwendete Menge gegebenenfalls angepasst werden muss.

KOHLENHYDRATE – TREIBSTOFF FÜR UNSEREN KÖRPER

SUPERFOODS
Pflanzen mit Superkräften?!

CHIA, GOJI, MACA, LUCUMA & CO.

Die exotisch klingenden Namen waren vor wenigen Jahren noch ziemlich unbekannt und wurden höchstens mit dem staubigen Regal im Reformhaus assoziiert. Heute sind die Nährstoffbomben heiß begehrt und die Nachfrage steigt stark an. Wer Superfoods zu sich nimmt, ist hip und liegt total im Trend. Doch was genau sind Superfoods eigentlich und ist der Verzehr von Superfoods notwendig oder einfach nur trendy?

WAS SIND SUPERFOODS?

Es gibt derzeit keine einheitliche Definition des Begriffs. Als Superfoods werden jedoch allgemein jene Lebensmittel eingestuft, die sich durch einen außergewöhnlich hohen Gehalt einzelner Vitamine, Mineralstoffe oder sekundärer Pflanzenstoffe auszeichnen und somit einen besonderen Einfluss auf Gesundheit und Wohlbefinden haben können. Wissenschaftliche Nachweise über deren Wirkung fehlen jedoch bislang. Meist werden die Nährstoffbomben aus fernen Ländern importiert und in getrockneter, teils pulverisierter Form zum Kauf angeboten.

Doch nicht nur exotische Pflanzen haben Superfood-Charakter. Direkt vor unserer Haustür gibt es eine Vielzahl an besonders wertvollen, nährstoffreichen Lebensmitteln. Dazu zählen z. B. Holunderbeeren, Heidelbeeren und Hagebutten. Weitere regionale Powerpflanzen sind Sanddorn, Brokkoli, Rote Bete und noch viele mehr. Diese heimischen Superfoods sind meist deutlich kostengünstiger, frisch verfügbar, haben in der Regel Bio-Qualität und stehen der exotischen Konkurrenz in nichts nach.

IST DER VERZEHR VON SUPERFOODS NOTWENDIG?

Wer gesund ist und sich ausgewogen ernährt, viel Obst und Gemüse, viele Vollkornprodukte und andere weitgehend natürliche, unverarbeitete Lebensmittel konsumiert, ist in der Regel bestens mit allen lebensnotwendigen Stoffen versorgt (Ausnahme Vitamin B_{12} bei Veganern, siehe S. 8). Der Verzehr von Superfoods stellt somit absolut keine Notwendigkeit zur Deckung des Nährstoffbedarfs dar, weder bei einer omnivoren, noch bei einer veganen Ernährung. Außerdem sollten die Superpflanzen niemals als Ersatz für eine ausgewogene Ernährung dienen!

Insbesondere im Winter, wenn das Angebot an frischem Obst begrenzt ist, können sie jedoch für mehr Abwechslung sorgen. Superfoods sind daher als schmackhafte, aber keinesfalls notwendige Ergänzung zur täglichen Kost zu sehen.

ROHKOST
Lebensmittel in ihrer natürlichsten Form

Nach wie vor hält sich der Irrglaube, dass Veganer außer Möhren und Salat kaum etwas essen können. Menschen, die noch einen Schritt weitergehen und nicht nur vegan, sondern zusätzlich rohköstlich leben, werden häufig als besonders extrem angesehen. Doch was steckt eigentlich hinter einer rohköstlichen Ernährung und welche Lebensmittelvielfalt können vegane Rohköstler tatsächlich genießen?

KEEP IT COOL

Die Rohkosternährung zeichnet sich dadurch aus, dass keine Lebensmittel gegessen werden, die bei der Herstellung oder Zubereitung über 42 Grad erhitzt wurden. Der ausschlaggebende Punkt hierfür ist, dass hitzeempfindliche Inhaltsstoffe wie Enzyme bereits beim Überschreiten dieser Temperatur ihre natürliche Wirkung verlieren. Durch Kochen und Backen bei hohen Temperaturen kommt es zudem zu erheblichen Verlusten an Vitaminen und Mineralstoffen.

Eine rohköstliche Ernährung gewährleistet, dass dem Organismus die wertvollen Nahrungsbestandteile ohne Beeinträchtigungen und Verarbeitungsverluste zur Verfügung stehen. Sie ist außerdem reich an Ballaststoffen, welche die Verdauung regulieren. Da rohe Lebensmittel schnell verdaut werden, kann diese Ernährungsweise entlastend auf den Organismus wirken. Menschen, die sich komplett rohköstlich ernähren, berichten zudem von einem gesteigerten Wohlbefinden und über ein geschärftes Geschmacks- und Geruchsempfinden.

Fest steht, dass Rohkost viele Vorteile hat und täglich auf den Tisch kommen sollte. Ob du dich komplett roh ernähren möchtest oder nur gelegentlich zu unerhitzten Lebensmitteln greifst, ist dabei ganz dir überlassen. Von den Vorteilen wirst du – eventuell in vermindertem

Maße – auch dann profitieren, wenn du nicht komplett roh isst. Wie genau sieht die Rohkosternährung jedoch aus?

»WAS KANNST DU DANN NOCH ESSEN?«

Vegane Rohköstler ernähren sich in erster Linie von Obst und Gemüse, das entweder unverarbeitet geknabbert oder zu Salaten, Suppen, Nudeln, Aufstrichen, Fruchtspießen und Smoothies verarbeitet verzehrt wird. Ergänzt wird diese Basis durch Nüsse, Samen, Sprossen und gekeimte Lebensmittel wie Getreide und Hülsenfrüchte, was für mehr Sättigung sorgt. Im Rezeptteil von Free Your Food findest du eine Vielzahl an roh-veganen Rezepten, mit deren Hilfe du dich ganz leicht an der roh-veganen Küche probieren kannst. Trau dich!

GRÜNE SMOOTHIES
belebende Vitaldrinks

Es gibt kaum etwas, das enger mit einer veganen Ernährung in Verbindung steht, als frische grüne Smoothies. Insbesondere in der Sportler- und Rohkostküche sind sie hochgeschätzt, doch auch in der Gesamtbevölkerung nimmt die Nachfrage nach den gesunden, nährstoffreichen Vitaldrinks immer weiter zu.

WAS MACHT GRÜNE SMOOTHIES SO BESONDERS?

Die grünen Drinks verbinden alle Basics einer gesunden Ernährung: Komplexe Kohlenhydrate, Ballaststoffe, hochwertiges Pflanzenprotein, ungesättigte Fettsäuren und eine Vielzahl lebensnotwendiger Vitamine und Mineralstoffe sind in idealem Verhältnis zueinander enthalten. Aufgrund der enormen Vielzahl an Obst-, Gemüse-, Salat- und Kräutersorten sind nahezu unendlich viele verschiedene Kompositionen möglich, sodass keine Langeweile aufkommt.

Weitere Pluspunkte: Smoothies sind schnell hergestellt und lassen sich in Flaschen gefüllt wunderbar mitnehmen. Somit sind sie vermutlich das gesündeste Fast Food überhaupt.

WIE STELLE ICH GRÜNE SMOOTHIES ZUSAMMEN?

Die Grundlage für grüne Smoothies liefern frisches, reifes Obst und Gemüse bzw. Salat. Zur Orientierung dient ein Verhältnis von 1:1. Besonders gut geeignete Obstsorten sind Bananen, Mangos und Kakis. Sie geben den Mixgetränken eine cremige Konsistenz und sorgen gleichzeitig für einen süßen Geschmack.

Für Grüne-Smoothie-Neulinge sind Mischungen mit höherem Obstanteil und mildem Blattgrün wie Babyspinat und Feldsalat die beste

Wahl. So kann sich der Geschmackssinn langsam an die neuartige Kombination aus fruchtig-süß und kräftig-herb gewöhnen. Langzeit-Smoothie-Trinker können den Anteil an Blattgrün gern Stück für Stück höherschrauben und kräftigere Sorten mit höherem Anteil gesundheitsförderlicher Bitterstoffe verwenden, wie z. B. Rucola oder Wildkräuter.

Trotz der Empfehlungen gibt es keine Regeln zur optimalen Zusammenstellung: Erlaubt ist, was schmeckt! Probiere deshalb verschiedene Varianten aus und finde heraus, welche Kombination dir besonders gut zusagt.

WAS GIBT ES ZU BEACHTEN?

Jedes Lebensmittel enthält unterschiedliche Mengen an essenziellen Vitaminen und Mineralstoffen, aber auch an natürlichen Schadstoffen. Um sowohl einer einseitigen Nährstoffzufuhr als auch einer einseitigen Schadstoffbelastung vorzubeugen, sollte darauf geachtet werden, insbesondere bei Blattgrün stark zu variieren und nicht beispielsweise immer Spinat als Grünzugabe zu verwenden.

Auch wenn herkömmliche Standmixer es schaffen, Obst und weiches Blattgrün grob zu zerkleinern: Wer regelmäßig grüne Smoothies trinken möchte, sollte über den Kauf eines Hochleistungsmixers nachdenken. Nur dieser schafft es, die Energiequelle der Pflanzen, das Chlorophyll, aufzuschließen und für den menschlichen Organismus zugänglich zu machen. Außerdem sind die herrlich cremige Konsistenz und das Geschmackserlebnis eines Smoothies aus dem Hochleistungsmixer nicht mit dem aus einem herkömmlichen Mixer zu vergleichen.

GESUNDER LIFESTYLE
mit allem, was dazugehört

Gesundheit und Wohlbefinden können zu einem sehr großen Teil durch die Ernährung beeinflusst werden. Dennoch sollte das Ernährungsverhalten nicht isoliert als alleiniger Einflussfaktor auf diese Komponenten gesehen werden. Für einen gesunden Lifestyle und ein positives Körpergefühl bedarf es weiterer wesentlicher Aspekte, wie regelmäßige Bewegung, Entspannung und ausreichend Schlaf.

VIEL BEWEGEN!

Regelmäßige Bewegung hält den Körper fit und leistungsfähig. Dabei muss niemand stundenlang im Fitnessstudio schwitzen oder täglich zentnerschwere Gewichte stemmen. Schon kleine Veränderungen im Alltag können viel bewirken. Lege kurze Strecken zu Fuß oder mit dem Fahrrad zurück statt mit Bus oder Auto, nimm die Treppe und nicht den Aufzug, verabrede dich mit einer Freundin zu einem Spaziergang statt zum Kuchenessen … Ideen gibt es viele. Probiere es aus!

Neben der Alltagsbewegung empfiehlt es sich, zusätzlich an mindestens zwei bis drei Tagen pro Woche bei mittlerer Intensität Sport zu treiben. Dadurch werden u. a. das Organ- und Herz-Kreislauf-System angeregt, der Stoffwechsel angekurbelt, die Durchblutung gefördert und neue Reize für die Muskulatur gesetzt. Darüber hinaus wird durch die sportliche Betätigung das Körpergefühl verbessert, die Stimmung aufgehellt und das Stressniveau gesenkt.

Wichtig ist, dass jeder die Sportarten findet, die ihm Spaß machen. Nur dann ist es wahrscheinlich, dass das Training auch über die anfängliche Zeit der Euphorie beibehalten und die Motivation aufrechterhalten wird.

GENUG SCHLAFEN!

Viele Menschen kommen ohne aufputschende Lebensmittel wie Kaffee, Grüntee oder Matetee nur schwer durch den Tag. Allgemeine Müdigkeit, Antriebslosigkeit und Mattheit sind an der Tagesordnung. Grund hierfür ist oft schlichtweg zu wenig Schlaf, was sich negativ auf die Leistungsfähigkeit auswirkt.

Die tägliche Nachtruhe sollte etwa sieben bis acht Stunden betragen, kann jedoch individuellen Schwankungen unterliegen. Neben der Schlafdauer ist jedoch auch die Schlafqualität entscheidend. Während wir schlafen, werden die Erlebnisse des Tages verarbeitet, Erlerntes wird gefestigt und im Langzeitgedächtnis gespeichert. Das Immunsystem und Regenerationsprozesse laufen auf Hochtouren. Ausreichend Schlaf kann sich außerdem stimmungsaufhellend auswirken. Kurz gesagt ist eine geregelte Nachtruhe unglaublich wichtig, damit Körper und Geist neue Kraft für den kommenden Tag tanken können.

AUSREICHEND TRINKEN!

Der Körper besteht je nach Lebensalter zu 40 % bis über 70 % aus Wasser. Schon ein kleiner Abfall des Wasserpegels macht sich durch nachlassende Leistungsfähigkeit, Konzentrationsstörungen und häufig durch Kopfschmerzen bemerkbar. Da Wasser für viele Stoffwechselvorgänge essenziell ist, muss auf eine ausreichende Flüssigkeitszufuhr geachtet werden, um die Körperfunktionen aufrecht und den Organismus gesund zu erhalten.

Die Deutsche Gesellschaft für Ernährung (DGE) empfiehlt Erwachsenen, mindestens 1,5 Liter am Tag zu trinken, vorzugsweise Leitungs- oder Mineralwasser und ungesüßte Früchte- und Kräutertees. Durch sportliche Aktivität steigt der Wasserbedarf weiter an. Pro Stunde Sport sollte zwischen 0,5 und einem Liter zusätzliche Flüssigkeit aufgenommen werden.

HINWEISE
zu den Rezepten

Bevor wir nun gleich zum praktischen Teil übergehen, kommen hier noch ein paar letzte Bemerkungen, die es dir erleichtern, alle Anweisungen und Symbole richtig zu verstehen. Dann steht dem Spaß beim Kochen nichts mehr im Wege!

- Gemahlene Gewürze verlieren unglaublich schnell an Aroma. Ich empfehle deshalb, Gewürze wie Pfeffer, Kreuzkümmel, Koriander und Currymischungen möglichst im Ganzen zu kaufen und erst kurz vor der Zubereitung mit einem Mörser, Mixer oder einer Gewürzmühle zu mahlen. Belohnt wird dies mit einem deutlich intensiveren Geschmack.
- Für manche Rezepte müssen die verwendeten Nüsse, Hülsenfrüchte oder Getreidekörner unbedingt vorher eingeweicht werden. Dies ist der jeweiligen Rezeptbeschreibung zu entnehmen. Bei den übrigen Rezepten ist es dir freigestellt, ob du einzelne Zutaten einweichen möchtest oder nicht.
- Zubereitungszeiten und Portionsangaben der Rezepte werden über die folgenden Symbole kenntlich gemacht:

  ⏱ Zubereitungszeit 🍴 Anzahl der Portionen

- Um schnell erkennen zu können, welche der veganen und sojafreien Rezepte außerdem rohköstlich, glutenfrei und/oder nussfrei sind, sind oberhalb der Rezepttitel folgende Symbole angebracht, um die Gerichte in Kategorien zu unterteilen.

  RAW Rohkost **GF** glutenfrei **NF** nussfrei

  Zusätzlich dazu kann der nachstehenden Tabelle auf einen Blick entnommen werden, welche Rezepte rohköstlich, glutenfrei und/oder nussfrei sind.

REZEPTAUFLISTUNG MIT ÜBERSICHT ÜBER BESONDERE EIGENSCHAFTEN

Rezepttitel	Seitenzahl	rohköstlich +	glutenfrei	nussfrei ++
FRÜHSTÜCKSIDEEN – Mit Power in den Tag				
Little Miss Sunshine	51	X	X	X
Fruchtige Zebracreme	52	X	X	X
Good Morning Bowl	55		X	X
Cocolove	56		X	X
Morgenmuffel-Müsli	59			X
Pink Buckwheat-Cup	60	X	X	X
Blueberry Breakfast	63			X
Lady in Black	65			X
Green Bowl	66			X
Baked Veggie-Oatmeal	69			X
Mohnpancakes mit Zitruskompott	70			X
Blackberry-Brötchen	73			X
Baobab-Fruchtaufstriche	74	X	X	X
SMOOTHIES & DRINKS – Schlürfen erlaubt!				
Piña-Colada-Smoothie mit Kurkuma	78		X	X
Lemongrass-Smoothie	80	X	X	X
Triple Green	81	X	X	X
Coconut-Kiss	83		X	X
Tigernut-Shake	84	X	X	X
Fruchtkefir	87	X	X	X
Pfirsich-Hanfmylk	88	X	X	
Goji-Sunrise	91	X	X	X
Kombucha-Energizer	93		X	X
Summerbreeze	94		X	X
Orangen-Eistee mit Minze	96		X	X
SNACKS, SUPPEN & SALATE – Leicht und lecker				
Matcha-Laugenbagels	100			X
Schnelles Leinsamenbaguette	103			X
Torbellinos Italia	104			X
Antipasti mit Linsenhummus	107		X	X
Rohe Chinarollen	108	X	X	X
Thai-Gemüsesuppe	111		X	
Linseneintopf »Smokey«	112		X	X

Rezepttitel	Seitenzahl	rohköstlich +	glutenfrei	nussfrei ++
Brokkolicremesüppchen	115			X
Kichererbsen-Kürbissuppe	116		X	X
Apfel-Kichererbsensalat mit Grillpaprika	119			
Erfrischender Melonensalat	120		X	X
Quinoa-Powersalat mit Sprossen	123		X	X
Fruchtiger Kelpnudelsalat	124	X	X	X
Sommersalat mit Grillpfirsichen und Knoblauchbrot	127			
Kohlrabitürmchen mit Mango-Salsa	128			X
Hummus-Schiffchen mit Couscousinseln	131			X
HAUPTGERICHTE – Bitte zugreifen!				
Bunte Energy-Wraps	134			X
Vitalburger Deluxe	137			X
Bulgurbällchen »Greek Style«	138			X
Mungbohnen-Reistopf	141		X	X
Glücksrollen »Regenbogen«	142		X	
Ofengemüse mit Knobitunke	145			
Gemüse-Wedges mit Dipduett	146		X	X
Flammkuchen rustica	149			X
Gemüsetaler mit Quinoa	150		X	X
Lupilaffel an Röstgemüse	153		X	X
Spinatpfannkuchen Greeny	154			X
Mediterrane Ofenauberginen	157		X	X
Stuffed Tomatoes	158		X	X
Süßkartoffel-Erbsen-Champignons mit Tomaten-Wildreis	161		X	X
Zoodles mit Asia-Kürbiscreme	162		X	X
Kohlrabispaghetti mit Tomatenallerlei	165	X	X	X
Kartoffelstampf »sweet 'n' yummy«	166		X	X
Kartoffel-Pilzauflauf	169		X	X
Mohn-Ravioli mit Linsenfüllung	170			
Grüntee-Soba mit Tomaten-Pestosoße	173			X
Pinke Pasta mit Kräutercreme	174			
SÜSSE NASCHEREIEN – Kuchen, Desserts & Co				
Powerballs Mandel-Duo mit Zimt	178	X	X	X
Powerballs Cranberry- Kürbiskern	178	X	X	X
Pieces of Delight	181		X	X

Rezepttitel	Seitenzahl	rohköstlich +	glutenfrei	nussfrei ++
Erdbeer-Ingwereis mit Schokosoße	182		X	X
Green-Smoothie-Icecream	185		X	X
Mint Passion	186		X	X
Melonenschaum	187			X
Banana Heaven	188		X	X
KombuChia	191		X	X
Schokotraum	192	X	X	X
Birnen-Türmchen	195			X
Kürbiscantuccini	196			X
Gingercookies	199			X
Flowerpower	200			X
Black-Forest-Cupcakes	203			X
Zitronenpudding-Kuchen	204			X
Fruitlove-Rohkosttorte	207	X	X	X
Apfel-Streuselkuchen	208			X
BASICS – damit es schneller geht				
Buchweizen-Crunch auf Vorrat	212	X	X	X
Mangobalsamico auf Vorrat	215		X	X
Müslimix auf Vorrat	216			X

+ Für die Rohkost-Rezepte müssen selbstverständlich rohköstliche Zutaten verwendet werden, damit die Gerichte zu 100 % roh sind. In den Rohkostrezepten wird nicht zusätzlich bei jedem der verwendeten Lebensmittel extra darauf hingewiesen.

++ Rezepte gelten als nussfrei, wenn keine im botanischen Sinne gesehenen Nüsse wie Haselnüsse, Hanfnüsse, Walnüsse und Erdnüsse enthalten sind. Botanisch nicht als Nuss geltende Sorten wie Mandeln, Erdmandeln, Cashewkerne, Kokosnüsse und Pistazien können dennoch in den Rezepten vorkommen.

KÜCHEN-AUSSTATTUNG

Bei manchen Rezepten werden spezielle Küchenhelfer verwendet, die die Zubereitung erheblich erleichtern, beispielsweise ein Gemüse-Spiralschneider oder eine Nudelmaschine. Wer diese Geräte nicht besitzt, kann sich jedoch meist anderweitig behelfen. Zum Beispiel können Zucchini statt mit dem Spiralschneider auch auf einem guten Gemüsehobel oder mithilfe eines Sparschälers zu Nudeln verarbeitet werden. Tipps und Hinweise dazu gibt es direkt auf den entsprechenden Rezeptseiten.

Falls du unsicher bist, was mit der einen oder anderen Bezeichnung von Küchenhelfern gemeint ist, gibt es hier eine Übersicht über die wichtigsten verwendeten Gerätschaften.

HOCHLEISTUNGSMIXER

GEMÜSE-SPIRALSCHNEIDER

ZESTENREIBER

BAGUETTEBLECH

APFELAUSSTECHER

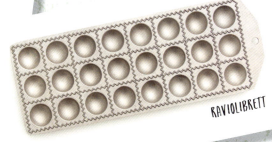

RAVIOLIBRETT

MUFFINFORM

MESSLÖFFEL

KUGELAUSSTECHER

KÜCHENAUSSTATTUNG

45

REZEPTE

So, nun aber genug der Worte und ab in die Küche, denn nun kommt das Herzstück des Buches: der Rezeptteil! Jetzt darf über den Wochenmarkt geschlendert, knackiges Gemüse zerkleinert, Teig geknetet, Kuchen gebacken sowie frisch, bunt und kreativ gekocht werden. Kochen ist Genuss und Lebensqualität. Entdecke die Vielfalt der veganen Küche, lass dich sowohl auf altbekannte als auch neuartige Geschmackserlebnisse ein und lerne vielleicht sogar das ein oder andere bisher unbekannte Lebensmittel kennen.

Lass dich anstecken von der Freude am Essen. Ich wünsche dir viel Spaß beim Ausprobieren und Nachkochen der Gerichte.

An die Kochlöffel, fertig, los!

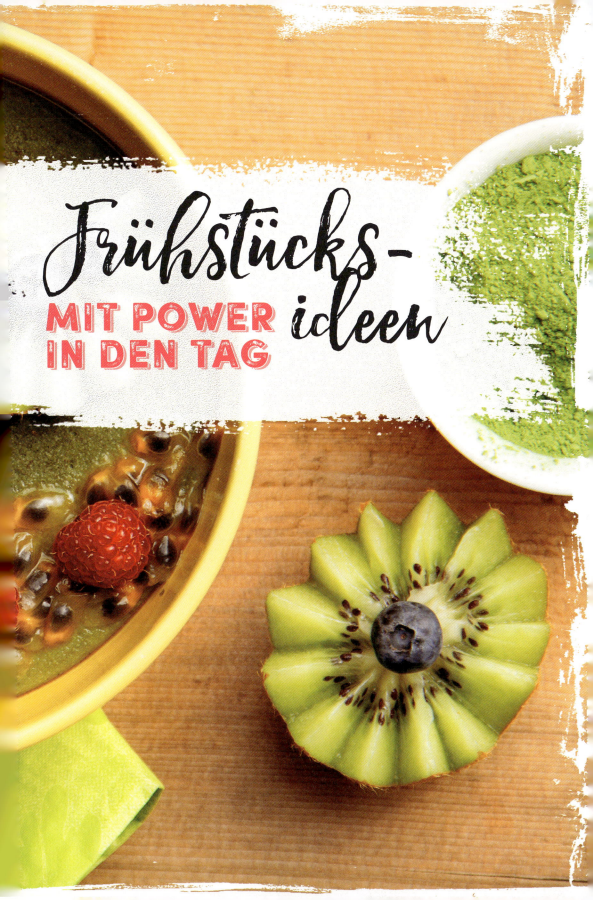

Frühstücks-ideen

MIT POWER IN DEN TAG

Little Miss SUNSHINE

🕐 ca. 5 Minuten plus Gefrierzeit über Nacht 🏠 für ca. 2 Portionen

ZUBEREITUNG

1. Bananen schälen, grob zerkleinern und über Nacht gefrieren lassen.

2. Gojibeeren, Cashewkerne, Nektarinen oder Pfirsiche, Saft der Zitrone und Minzblättchen mit 100 ml Wasser im Mixer pürieren. Die gefrorenen Bananen hinzugeben, zu einer feinen Creme pürieren und auf Gläser oder Schüsseln verteilen.

3. Chiasamen und Maracuja auf die Gojicreme geben. Obst nach Wahl waschen, klein schneiden, auf der Gojicreme verteilen und sofort servieren.

ZUTATEN

FÜR DIE GOJICREME
- 4 Bananen
- 2 EL Gojibeeren
- 1 EL Cashewkerne
- 2 Nektarinen oder Pfirsiche
- ½ Zitrone
- 1 Stängel frische Minze

FÜR DAS TOPPING
- 2 TL Chiasamen
- 2 Maracujas
- 2 Stück Obst nach Wahl

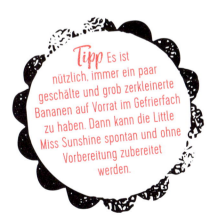

Tipp Es ist nützlich, immer ein paar geschälte und grob zerkleinerte Bananen auf Vorrat im Gefrierfach zu haben. Dann kann die Little Miss Sunshine spontan und ohne Vorbereitung zubereitet werden.

Fruchtige ZEBRACREME

🕐 ca. 35 Minuten 🍲 für ca. 2 Portionen

ZUTATEN

300 g Himbeeren oder Kirschen (entsteint)
½ TL gemahlene Vanille
300 g Mango
1 EL Cashewmus
1 TL Maca
bei Bedarf roher Agavendicksaft
4 EL weiße Chiasamen

ZUBEREITUNG

❶ Himbeeren bzw. entsteinte Kirschen und Vanille fein pürieren. Mango mit Cashewmus, 2 EL Wasser und Maca fein pürieren. Beide Fruchtpürees nach Belieben mit Agavendicksaft süßen, mit je 2 EL Chiasamen verrühren und ca. 15 Minuten unter gelegentlichem Rühren quellen lassen, bis die Konsistenz fester, aber noch nicht puddingartig ist.

❷ Wenn die Chiasamen gequollen sind, je zwei Esslöffel der Mangocreme auf zwei Gläser verteilen, dann je zwei Esslöffel der Himbeer- bzw. Kirschcreme darauf geben. So verfahren, bis beide Fruchtcremes in die Gläser geschichtet sind. Im Kühlschrank weitere 10 Minuten quellen lassen, dann garnieren und servieren.

Hinweis: Die weißen Chiasamen können problemlos durch schwarze Chiasamen ersetzt werden. Dadurch verändert sich lediglich die Optik der Zebracreme ein wenig, nicht aber der Geschmack.

FRÜHSTÜCKSIDEEN

Good Morning BOWL

ca. 10 Minuten • für ca. 2 Portionen

ZUBEREITUNG

1. Erdbeeren waschen, von den Stilen befreien und klein schneiden. 300 g davon auf zwei Schüsseln verteilen. 6 EL gepoppte Quinoa und Buchweizen-Crunch darüber verteilen. Die restlichen vorbereiteten Erdbeeren (100 g) mit Bananen und Zitronensaft pürieren und über die Quinoa schichten. Als Nächstes den Reisjoghurt darauf verteilen und die beiden Schichten mithilfe einer Gabel marmorieren.

2. Aprikosen waschen, in Spalten schneiden und ringförmig auf dem Reisjoghurt anrichten, mit Kakaonibs und restlicher Quinoa garnieren und genießen.

ZUTATEN

400 g Erdbeeren
7 EL gepoppte Quinoa
2 EL Buchweizen-Crunch süß
  (Basic-Rezept, siehe S. 214)
2 Bananen
1 Zitrone
450 g Reisjoghurt
2 Aprikosen
1 EL Kakaonibs

FRÜHSTÜCKSIDEEN

ca. 10 Minuten   für ca. 2 Portionen

ZUTATEN

FÜR DAS TOPPING
2 EL Kokoschips
250 g gemischte Beeren (frisch oder TK)
½ Orange
bei Bedarf Ahornsirup

FÜR DIE KOKOSCREME
300 g Reisjoghurt
2 EL Kokosflocken
2 EL Kokosmehl
½ Limette
25 g gepufftes Amarant
8 EL (glutenfreies) Müsli nach Wahl

ZUBEREITUNG

1. Kokoschips in einer Pfanne ohne Fett anrösten.

2. Beeren putzen und mit dem Saft der Orange im Topf leicht erhitzen, nach Belieben mit Ahornsirup süßen. Tiefgekühlte Beeren erhitzen, bis sie aufgetaut sind.

3. Reisjoghurt, Kokosflocken, Kokosmehl und Schalenabrieb der Limette fein pürieren. Nach Belieben mit Ahornsirup süßen. Amarant zum Joghurt geben und gut vermengen.

4. Müsli, Kokosjoghurt und Beeren auf zwei Gläser verteilen. Mit Kokoschips garnieren und genießen.

FRÜHSTÜCKSIDEEN

NF

Morgenmuffel-
MÜSLI

🕙 ca. 10 Minuten plus Durchziehzeit über Nacht 🍲 für 2 Personen

ZUBEREITUNG

1. Pro Portion 40 g Dinkelflocken, 1 El Chiasamen und ½ TL gemahlene Vanille in ein Glas schichten, mit 100 ml Haferdrink übergießen. Einen Apfel raspeln und darüber geben. Weitere 40 g Dinkelflocken einschichten, diese mit 100 ml Haferdrink übergießen und alles mit 100 g Apfelmark mit Johannisbeere bedecken. Mit 25 g blauen Trauben garnieren. Mit der zweiten Portion identisch verfahren. Nun die Gläser verschließen, über Nacht im Kühlschrank durchziehen lassen und am nächsten Morgen genießen.

ZUTATEN

160 g Dinkelflocken zart
2 EL Chiasamen
1 TL gemahlene Vanille
400 ml Haferdrink
2 kleine Äpfel
200 g Apfelmark mit
    Johannisbeeren
50 g blaue Trauben

Hinweis : Das Apfelmark mit Johannisbeeren gibt es in Bio-Qualität zu kaufen, kann aber auch aus 150 g geschältem Apfel, 50 g Schwarzen Johannisbeeren und etwas Wasser selbst gekocht werden.
Für Hungrige: Das Müsli kann auch sofort nach der Zubereitung gegessen werden.

FRÜHSTÜCKSIDEEN

Pink Buckwheat-CUP

⏱ ca. 10 Minuten plus Einweich-/Keimzeit 2-3 Tage
🍴 für ca. 2 Portionen

ZUTATEN

FÜR DEN BUCHWEIZEN
200 g Buchweizen
1 Orange

FÜR DIE HIMBEERCREME
350 g Himbeeren (frisch oder TK)
4 Medjool-Datteln
2 EL Cashewmus
½ Bio-Zitrone
¼ TL gemahlene Tonkabohne (alternativ Vanille)
bei Bedarf Apfelsüße

ZUBEREITUNG

❶ Buchweizen gründlich spülen und über Nacht in der dreifachen Menge kaltem Wasser einweichen. Am nächsten Morgen erneut gründlich spülen. Anschließend flach auf Tellern verteilen und ein bis zwei Tage lang keimen lassen. Den Buchweizen dabei täglich leicht befeuchten.

❷ Nachdem der Buchweizen gekeimt ist, diesen mit dem Saft der Orange vermengen. 300 g Himbeeren mit entsteinten Datteln, Cashewmus, Schalenabrieb der Bio-Zitrone, gemahlener Tonkabohne und ca. 150 ml Wasser pürieren, bis eine feine Creme entsteht. Nach Belieben mit Apfelsüße süßen. Den Orangenbuchweizen und die Himbeercreme abwechselnd in Gläser schichten. Mit den restlichen Himbeeren garniert servieren.

Hinweis: Der Buchweizen kann auch ungekeimt verwendet werden. Hierzu den Buchweizen wie oben beschrieben vorbereiten, über Nacht einweichen, abspülen und am nächsten Morgen sofort weiter verarbeiten. Durch den Keimvorgang erhöht sich jedoch die Menge der Vitalstoffe erheblich.

NF

Blueberry
BREAKFAST

⏱ ca. 40 Minuten 🏠 für ca. 2 Portionen

ZUBEREITUNG

❶ Den Milchreis in einem großen Topf mit 800 ml Dinkeldrink, Mark einer Vanilleschote und Schalenabrieb
der Bio-Orange aufkochen. Anschließend mit Deckel
auf kleinster Stufe ca. 35 Minuten köcheln, dabei
gelegentlich umrühren. Den gegarten Reis leicht
auskühlen lassen, die restlichen 200 ml Dinkeldrink
unterrühren.

❷ Den Saft der Orange auspressen. Löffelweise Orangensaft zum Cashewmus geben und zu einer homogenen
Masse verrühren. So viel Saft unterrühren, bis eine
fließfähige Soße entsteht. Die Soße und 150 g Heidelbeeren mit dem Reis vermengen und auf zwei Schalen
verteilen. Die restlichen Heidelbeeren pürieren und
auf dem Blueberry Breakfast verteilen. Chiasamen
darüber streuen und lauwarm servieren.

ZUTATEN

180 g Milchreis
1 l Dinkeldrink
1 Vanilleschote
½ Bio-Orange
1 EL Cashewmus
300 g Heidelbeeren
1 TL Chiasamen

FRÜHSTÜCKSIDEEN

Hinweis : Für eine glutenfreie Variante wird der Dinkeldrink
durch Reisdrink ersetzt.

Lady IN BLACK

ca. 15 Minuten — für 2 Personen

ZUBEREITUNG

1. Die Schale der Orange abreiben, dann den Saft auspressen. Orangensaft mit Dinkeldrink auf 800 ml Flüssigkeit auffüllen, in einen Topf geben, Carob und Kakao einrühren, bis keine Klumpen mehr vorhanden sind. Zum Kochen bringen, eine Prise Salz, Zimt und Dattelsirup hinzugeben und Grieß unter ständigem Rühren einrieseln lassen.

2. Erneut aufkochen, anschließend die Orangenschale einrühren, vom Herd nehmen und mit geschlossenem Deckel ca. 5 Minuten quellen lassen, dann in zwei Schalen gießen.

3. Mango, Gojibeeren, Zitronensaft und Vanille zu einer Soße pürieren, bei Bedarf etwas Wasser dazugeben und auf den Schoko-Orangen-Grießbrei gießen.

ZUTATEN

FÜR DEN SCHOKOGRIESSBREI
1 Bio-Orange
700 ml Dinkeldrink, ungesüßt
1 EL Carob
1 EL Kakao, schwach entölt
1 Prise Salz
½ TL Ceylonzimt,
2-3 TL Dattelsirup
70 g Vollwert-Grieß

FÜR DIE GOJISOSSE
½ Mango
2 EL Gojibeeren
1 TL Zitronensaft
1 Prise Vanille

Tipps
Der Schoko-Orangen-Grießbrei kann auch am Abend zuvor gekocht und über Nacht im Kühlschrank gelagert werden. So geht's am Morgen noch schneller.
Es bildet sich weniger Haut, wenn der gekochte Grießbrei nach kurzem Abkühlen mit den Quirlen des Handrührgeräts aufgeschlagen wird.

FRÜHSTÜCKSIDEEN

ZUTATEN

500 ml Dinkeldrink, ungesüßt
1 Banane
3 TL Matcha for cooking
1 Prise Salz
½ TL gemahlene Vanille
70 g Vollwert-Grieß
2-3 Tl Apfelsüße
200 g Obst nach Wahl (z. B. Maracuja, Physalis, Granatapfel, Mango, Kiwi)

ZUBEREITUNG

1. Den Dinkeldrink und 250 ml Wasser in einen Topf geben. Banane und Matcha hinzugeben, mit einem Pürierstab glatt mixen. Zum Kochen bringen, eine Prise Salz und die Vanille hinzugeben und Grieß unter ständigem Rühren einrieseln lassen. Apfelsüße unterrühren.

2. Erneut aufkochen, anschließend vom Herd nehmen und mit geschlossenem Deckel ca. 5 Minuten quellen lassen. Matcha-Grießbrei in zwei Schalen gießen. Entweder lauwarm verzehren oder auskühlen lassen und im Kühlschrank lagern. Vor dem Servieren mit frischen Früchten garnieren.

Hinweis: Pürierte Erdbeeren, Himbeeren, Kirschen oder die Gojisoße (siehe S. 65) passen ebenso bestens zur leicht herben Green Bowl.

Baked Veggie- OATMEAL

ca. 50 Minuten · für ca. 2 Portionen

ZUBEREITUNG

1. Karotte putzen, Zucchini waschen. Beide Gemüsesorten in feine Streifen hobeln.

2. Banane schälen, mit Kokosmehl, Kokosblütenzucker, Weinstein-Backpulver, Zimt und Haferdrink pürieren. Die Masse mit den Gemüsestreifen, Haferflocken und Leinsamen vermengen und in eine ofenfeste Form streichen.

3. Zwetschgen und Feigen waschen, Zwetschgen vom Stein befreien. Beide Früchte klein schneiden und auf die Haferflockenmasse geben. Mit Mandeln bestreuen. Im vorgeheizten Ofen bei 200 Grad Ober-/Unterhitze 30-35 Minuten backen.

Hinweis: Das gebackene Oatmeal kann durch Zugabe von gehacktem Ingwer und Nelken zusätzlich aromatisiert werden und sorgt in der kühleren Jahreszeit für einen doppelt wärmenden Start in den Tag.

ZUTATEN

FÜR DEN TEIG
1 Bio-Karotte
150 g Zucchini
1 Banane
50 g Kokosmehl
2 EL Kokosblütenzucker
2 TL Weinstein-Backpulver
1 TL Ceylonzimt
300 ml Haferdrink
100 g kernige Haferflocken
2 EL Leinsamen

FÜR DAS TOPPING
200 g Zwetschgen
4 Feigen
2 El Mandeln

FRÜHSTÜCKSIDEEN

MOHN-PANCAKES
mit Zitruskompott

ca. 30 Minuten · für 2-3 Portionen

ZUTATEN

FÜR DIE MOHNPANCAKES
150 g Dinkelvollkornmehl
50 g Kokosmehl
1 EL Guarkernmehl
2 EL Dattelsüße
1 EL Mohn
2 TL Weinstein-Backpulver
1 TL Natron
1 Prise Salz
2 EL Ahornsirup
650 ml Dinkeldrink
200 ml Mineralwasser mit Kohlensäure
2 TL Apfelessig
3 TL Kokosöl

FÜR DIE FÜLLUNG
3 Orangen
1 Grapefruit
1 EL Ahornsirup
1 EL gehackte Pistazien (ungesalzen)

ZUBEREITUNG

1. Dinkelvollkornmehl mit Kokosmehl, Guarkernmehl, Dattelsüße, Mohn, Weinstein-Backpulver, Natron und einer Prise Salz vermengen. Dann Ahornsirup, Dinkeldrink, Mineralwasser und Apfelessig hinzugeben, zu einem glatten Teig verrühren und kurz ruhen lassen. Falls der Teig zu dickflüssig ist, noch etwas mehr Flüssigkeit zugeben.

2. Für das Kompott zwei Orangen und die Grapefruit filetieren, Saft auffangen. Den Saft der dritten Orange auspressen. Saft mit Ahornsirup in einem Topf ca. 5 Minuten einköcheln, dann vom Herd nehmen und die Filets dazugeben.

3. Eine gut beschichtete Pfanne erhitzen, einen Teelöffel Kokosöl hineingeben und den Teig (je 1 El pro Pancake) portionsweise von beiden Seiten darin ausbacken. Die noch warmen Pancakes mit dem Zitruskompott und Pistazien servieren.

Blackberry-BRÖTCHEN

⏱ ca. 50 Minuten 🏠 für 6-8 Stück

ZUBEREITUNG

1. Chiasamen im Mixer zu Mehl verarbeiten. Anschließend mit 4 EL Wasser verrühren und ca. 10 Minuten quellen lassen.

2. Dinkelmehl, Dinkelflocken, Speisestärke, Weinstein-Backpulver, Dattelsüße und eine Prise Salz in einer großen Schüssel vermengen. Gequollenes Chiagel mit geschmolzenem Kokosöl und Mandeldrink zu den trockenen Zutaten geben und möglichst kurz zu einem glatten, eher trockenen Teig verrühren. Die Brombeeren dazugeben, nochmals kurz vermengen, bis sich der Teig lila färbt, aber noch Brombeerstückchen vorhanden sind.

3. Den Teig in 6-8 Portionen teilen, jeweils rund formen und auf ein mit Backpapier ausgelegtes Blech setzen. Die Blackberry-Brötchen bei 200 Grad Ober-/Unterhitze ca. 20 Minuten backen, dann aus dem Ofen nehmen, auskühlen lassen und genießen.

ZUTATEN

1 EL Chiasamen
200 g Dinkelmehl Type 603
80 g grobe Dinkelflocken
1 EL Speisestärke
2 TL Weinstein-Backpulver
1 Prise Salz
3 EL Dattelsüße
1 EL Kokosöl
130 ml Mandeldrink
125 g Brombeeren

FRÜHSTÜCKSIDEEN

Tipp
Die kernigen Brötchen schmecken superlecker mit den Baobab-Fruchtaufstrichen (siehe S. 74) oder mit Nussmus und Dattelsirup bestrichen.

Baobab-
FRUCHT AUFSTRICHE

je ca. 5 Minuten für je ca. 6-8 Portionen

ZUTATEN

INGLIMETTE
1 cm frischer Ingwer
50 ml stilles Mineralwasser
½ Bio-Limette
3 EL Baobab-Fruchtpulver
2-3 TL roher Agavendicksaft

HEIDEMINZE
125 g Heidelbeeren
4 Blättchen frische Minze
3 EL Baobab-Fruchtpulver

MANGONILLA
125 g Mango
½ Vanilleschote
3 EL Baobab-Fruchtpulver

ZUBEREITUNG

1. **INGLIMETTE:** Ingwer schälen, grob zerkleinern, mit Mineralwasser, Saft und Schalenabrieb der Bio-Limette, Baobab und Agavendicksaft im Mixer pürieren.

   HEIDEMINZE: Heidelbeeren, Minzblättchen und Baobab im Mixer pürieren.

   MANGONILLA: Mango, Mark der Vanilleschote und Baobab im Mixer pürieren.

2. Nach kurzer Quellzeit können die Aufstriche sofort verzehrt oder in Gläschen abgefüllt und luftdicht aufbewahrt werden. Im Kühlschrank gelagert halten sie ca. 4 Tage.

Hinweis: Die Baobab-Fruchtaufstriche können als gesunde Brotaufstriche verwendet werden. Zudem verleihen sie »Joghurt«-Speisen, Shakes und Smoothies ein besonderes Aroma.

Smoothies & Drinks
SCHLÜRFEN ERLAUBT!

PIÑA-COLADA-SMOOTHIE
mit Kurkuma

ca. 5 Minuten — für ca. 2 Gläser à 500 ml

ZUTATEN

1 EL Kokosraspel
600 g Ananas
1 Banane
200 ml Kokosmilch
1 TL Kurkuma
½ TL gemahlene Vanille
1 EL Baobab

ZUBEREITUNG

1. Kokosraspel in einer Pfanne ohne Fett goldgelb rösten, dann auskühlen lassen.

2. Ananas oben und unten flach abschneiden, dann vierteln. Zwei kleine Stücke Ananas mit Schale für die Deko abschneiden und beiseitelegen. Die restliche Ananas schälen und grob würfeln.

3. Ananas mit Banane, Kokosmilch, Kurkuma, Vanille und Baobab im Mixer cremig pürieren, bis keine Stückchen mehr vorhanden sind. Je nach gewünschter Konsistenz noch etwas Wasser hinzufügen. Smoothie auf zwei Gläser verteilen und mit Ananasstücken und Kokosraspeln dekorieren.

Tipp
Wer möchte, kann den goldgelben Fruchtsmoothie durch Zugabe einer Prise Chili weiter aufpeppen!

Lemongrass-SMOOTHIE

ca. 5 Minuten • für ca. 2 Portionen à 400 ml

ZUTATEN

2 Stangen Zitronengras
1 Orange
1 Mango
1 Banane
80 g Babyspinat
½ Bund Petersilie
120 g Gurke
2 TL Superfood nach Wahl (z. B. Lucuma, Moringa, Maca)
1 TL Chiasamen

ZUBEREITUNG

1. Die trockene, äußere Schale vom Zitronengras entfernen, den Rest grob zerkleinern. Orange, Mango und Banane schälen. Mangofruchtfleisch vom Stein schneiden. Babyspinat, Petersilie und Gurke waschen.

2. Alle Zutaten und ca. 250 ml Wasser im Hochleistungsmixer auf höchster Stufe zu einem cremigen Smoothie pürieren, auf zwei große Gläser verteilen und genießen.

Triple GREEN

 ca. 5 Minuten · für ca. 2 Portionen

ZUBEREITUNG

- Grünkohl und Brokkoli putzen, waschen und grob zerkleinern. Zucchini ebenfalls waschen. Das Gemüse in einen leistungsstarken Mixer geben. Ingwer und Ananas von der Schale schneiden, Banane schälen und mit den entsteinten Datteln ebenfalls in den Mixbehälter geben. Saft der Zitrone auspressen und alles mit ca. 250 ml Wasser auf höchster Stufe fein pürieren, den Smoothie auf zwei Gläser verteilen und genießen.

ZUTATEN

60 g Grünkohl
100 g Brokkoli
50 g Zucchini
1 kleines Stück Ingwer (ca. 1 cm)
½ Ananas
1 Banane
2 Datteln
½ Zitrone

COCONUT-Kiss

ca. 5 Minuten für ca. 2 Portionen

ZUBEREITUNG

- Kokosmilch, Reisdrink, Chiasamen, Saft der Orangen, Kakao, Vanille und Kokosblütenzucker im Mixer zu einem cremigen Drink pürieren. Den Coconut-Kiss auf zwei Gläser verteilen und servieren.

ZUTATEN

200 ml Kokosmilch
200 ml Reisdrink
1 EL Chiasamen
2 Orangen
2 El Kakao, schwach entölt
½ TL gemahlene Vanille
2 El Kokosblütenzucker

SMOOTHIES & DRINKS

Tipp
Besonders erfrischend schmeckt der Coconut-Kiss, wenn er mit Eiswürfeln serviert wird. Einige klein pürierte Minzblätter sorgen für zusätzliches Aroma.

Tigernut-SHAKE

⏱ ca. 5 Minuten plus Einweichzeit über Nacht 🍴 für ca. 2-3 Portionen

ZUTATEN

70 g Erdmandeln
6 Datteln Deglet Nour
1 Banane
1 El Mesquitepulver
2 El rohes Erbsenprotein
1 Prise Ceylonzimt

ZUBEREITUNG

❶ Erdmandeln über Nacht einweichen. Entsteinte Datteln mindestens 4 Stunden in 450 ml kaltem Wasser einweichen.

❷ Erdmandeln abgießen, mit Datteln und dem Dattel-Einweichwasser, Banane, Mesquitepulver und Erbsenprotein im Mixer zu einem cremig-feinen Shake pürieren und mit Zimt bestäubt servieren.

SMOOTHIES & DRINKS

Tipp Besonders erfrischend schmeckt der Tigernut-Shake, wenn er über Eiswürfel gegossen wird.

Frucht-KEFIR

⏱ ca. 5 Minuten 🍽 für je ca. 2 Portionen

Beerenkefir mit Minze

ZUBEREITUNG

- Beeren, Minzblätter, entsteinte Datteln, Mandelmus, Abrieb und Saft einer halben Bio-Zitrone, Eiswürfel und ca. 200 ml kaltes Wasser im Mixer fein pürieren. Je nach gewünschter Konsistenz noch etwas mehr Wasser hinzufügen. Den Beerenkefir auf zwei Gläser verteilen und sofort servieren.

ZUTATEN

300 g Beeren
10 Blätter Minze
4 Datteln
2 EL helles Mandelmus
½ Bio-Zitrone
150 g Eiswürfel

Mangokefir mit Vanille

ZUBEREITUNG

- Mango schälen und vom Stein lösen. Das Fruchtfleisch mit Vanille, entsteinten Datteln, Cashewmus, Abrieb und Saft einer halben Bio-Zitrone, Eiswürfeln und ca. 200 ml kaltem Wasser fein pürieren. Je nach gewünschter Konsistenz noch etwas mehr Wasser hinzufügen. Den Mangokefir auf zwei große Gläser verteilen und servieren.

ZUTATEN

1 Mango (ca. 400 g)
½ Tl gemahlene Vanille
4 Datteln
2 El Cashewmus
½ Bio-Zitrone
150 g Eiswürfel

SMOOTHIES & DRINKS

Pfirsich-Hanf MYLK

ca. 5 Minuten · für 2-3 Portionen

ZUTATEN

3 Pfirsiche
2 EL geschälte Hanfsamen
1 EL Apfelsüße
1 EL Lucuma
1 TL Zitronensaft
2 Zweige Zitronenmelisse

ZUBEREITUNG

1. Pfirsiche waschen, halbieren und vom Stein lösen. Mit Hanfsamen, Apfelsüße, Lucuma, Zitronensaft, Zitronenmelisse und ca. 300 ml Wasser im Mixer zu einem fein-cremigen Drink pürieren. Pfirsich-Hanfmylk auf zwei Gläser verteilen und servieren.

SMOOTHIES & DRINKS

Tipp Wer möchte, kann der Hanfmylk 2 EL rohes Proteinpulver hinzufügen, z. B. Sonnenblumen- oder Erbsenprotein.

ca. 10 Minuten — für ca. 2-3 Portionen

ZUBEREITUNG

1. Gojibeeren ca. 5 Minuten in etwas Wasser einweichen. Währenddessen Nektarinen waschen, halbieren und vom Stein lösen.

2. Gojibeeren mit Einweichwasser, 1 ½ Nektarinen, Saft der Zitrone, 2 Eiswürfeln und 80 ml Mineralwasser pürieren, nach Belieben mit Apfelsüße verfeinern und in zwei Gläser gießen. Die restlichen Nektarinen mit Vanille, 2 Eiswürfeln und 100 ml Mineralwasser sowie Apfelsüße (bei Bedarf) pürieren, vorsichtig in die Gläser geben, leicht verquirlen und servieren.

ZUTATEN

30 g getrocknete Gojibeeren
3 Nektarinen
½ Zitrone
4 Eiswürfel
180 ml gekühltes Mineralwasser mit Kohlensäure
nach Belieben Apfelsüße
½ TL gemahlene Vanille

SMOOTHIES & DRINKS

Kombucha-ENERGIZER

ca. 10 Minuten plus Gefrier-/Kühlzeit ca. 1 Stunde
für ca. 2 Portionen

ZUBEREITUNG

1. Himbeeren in die Vertiefungen eines Eiswürfelbereiters geben, mit Wasser auffüllen und mindestens eine Stunde gefrieren lassen. Kombucha für eine Stunde im Kühlschrank kühlen.

2. Nektarine halbieren, vom Stein lösen und in mundgerechte Stücke schneiden. Mit einem Kugelausstecher das Melonenfruchtfleisch von der Schale lösen. Obst und die Himbeer-Eiswürfel auf zwei große Gläser verteilen. Mit dem gekühlten Kombucha aufgießen und genießen.

ZUTATEN

10 Himbeeren
500 ml gekühlter Kombucha
1 Nektarine
200 g orangefleischige Melone (Cantaloupe, Charentais)

SMOOTHIES & DRINKS

Variante
Statt Himbeeren und Nektarinen können auch Erdbeeren und Heidelbeeren verwendet werden.

SUMMER *breeze*

ca. 5 Minuten plus Gefrier-/Ziehzeit ca. 1 Stunde für ca. 2 Portionen

ZUTATEN

3 Johannisbeerrispen
600 ml Kokoswasser
2 TL Acai-Pulver
1 Limette
2 TL Ahornsirup
3 Zweige Zitronenmelisse

ZUBEREITUNG

1. Johannisbeeren auf einen Eiswürfelbereiter verteilen, mit Kokoswasser auffüllen und mindestens eine Stunde gefrieren lassen. Restliches Kokoswasser (ca. 450 ml) kühl stellen.

2. Wenn die Eiswürfel gefroren sind, das Kokoswasser mit Acai-Pulver, Saft der Limette und Ahornsirup pürieren. Johannisbeer-Eiswürfel und 2 Zweige Zitronenmelisse auf Gläser verteilen, das Acai-Kokoswasser darüber gießen. Mit Limettenscheiben und Zitronenmelisse garnieren, sofort genießen.

SMOOTHIES & DRINKS

ORANGEN-EISTEE *mit Minze*

ca. 10 Minuten plus Kühlzeit ca. 2 Stunden • für ca. 1 Liter

ZUTATEN

3 Bio-Orangen
1 Bio-Zitrone
8 Stängel Minze
2-4 EL Apfelsüße
3 TL loser Grüntee

ZUBEREITUNG

① Orangen und Zitrone achteln, Minze waschen. Orangen- und Zitronenstücke, 6 Stängel Minze und Apfelsüße in ein hitzebeständiges Gefäß geben. Den Grüntee in ein Tee-Ei geben und ebenfalls ins Gefäß geben, mit 1 Liter heißem, nicht kochendem Wasser (80 °C) übergießen und 4 bis 6 Minuten ziehen lassen. Anschließend das Tee-Ei entfernen und den Tee im Kühlschrank ca. 2 Stunden abkühlen und durchziehen lassen.

② Vor dem Servieren die überbrühte Minze entfernen. Die restlichen 2 frischen Stängel Minze auf Gläser verteilen, den gut gekühlten Orangen-Eistee einschenken und mit Strohhalm servieren.

Hinweis: Wer es noch erfrischender mag, kann beim Servieren zusätzlich einige Eiswürfel oder Crushed Ice mit in die Gläser geben.
Für mehr Variation können auch andere Früchte mit festerem Fruchtfleisch verwendet werden, z. B. Ananas oder Nektarinen. Klein geschnittener Ingwer gibt zusätzlich Aroma.

SMOOTHIES & DRINKS

Snacks, Suppen & Salate
LEICHT UND LECKER

Matcha-LAUGENBAGELS

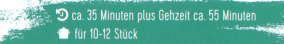

⏱ ca. 35 Minuten plus Gehzeit ca. 55 Minuten
🍽 für 10-12 Stück

ZUTATEN

FÜR DEN TEIG
500 g Dinkelmehl Type 630
3 TL Matcha for cooking
1 ½ TL Salz
2 EL Rapsöl
1 Würfel Hefe
1 TL Kokosblütenzucker

FÜR DEN BELAG
100 ml verdünnte Natronlauge (1:10)
2 EL Körner und Samen zum Bestreuen

ZUBEREITUNG

❶ Dinkelmehl, Matcha, Salz und Rapsöl in eine große Rührschüssel geben. Hefe in 250 ml lauwarmem Wasser auflösen und Kokosblütenzucker dazugeben. Hefewasser zur Mehlmischung geben und zu einem glatten Teig verkneten. Abgedeckt an einem warmen Ort ohne Zug ca. 45 Minuten gehen lassen.

❷ Nach der Gehzeit den Teig aus der Schüssel auf eine bemehlte Arbeitsfläche geben und in 10 bis 12 Teiglinge teilen. Die Teigstücke rund formen und in die Mitte ein Loch drücken, um sie zu Bagels zu formen. Diese dann auf ein mit Backpapier ausgelegtes Backblech legen und erneut ca. 10 Minuten gehen lassen.

❸ Anschließend die Bagels mit der verdünnten (!) Natronlauge bestreichen, mit Körnern und Samen bestreuen, oberflächlich einschneiden und im vorgeheizten Backofen bei 170 Grad Ober-/Unterhitze ca. 15 bis 20 Minuten backen. Anschließend auf einem Gitter auskühlen lassen.

Tipp
Vermeide direkten Hautkontakt mit der Lauge, indem du Handschuhe oder eine Gabel verwendest.

Hinweis: Statt verdünnter Natronlauge kann auch Haushaltsnatron verwendet werden. Hierfür 3 El Natron in 1 Liter Wasser geben, aufkochen, die Teiglinge portionsweise hinzugeben, etwa 1 Minute köcheln lassen, dann auf das Backblech geben und wie beschrieben fortfahren. Die restliche verdünnte Natronlauge kann in ein Schraubglas gefüllt und mehrfach wiederverwendet werden.

Serviervorschlag
Die Matchabagels mit Salat, Tomaten-, Gurkenscheiben und Hummus belegen. Sie schmecken aber auch süß mit Marmelade sehr lecker.

Schnelle LEINSAMEN-BAGUETTES

⏱ ca. 10 Minuten plus Geh-/Backzeit ca. 45 Minuten 🍲 für 3 Baguettes

ZUBEREITUNG

1. Beide Dinkelmehle, Polenta, Goldhirse, Leinsamen, Salz und Kokosblütenzucker in einer Schüssel vermengen, dann Rapsöl zugießen. Hefe in 300 ml lauwarmem Wasser auflösen, zu den trockenen Zutaten geben und alles zu einem glatten Teig verkneten.

2. Arbeitsfläche mit Grieß bestreuen, Teig darauf geben und in drei gleichgroße Portionen teilen. Diese jeweils zu länglichen Stangen formen und die Oberflächen mit einem scharfen Messer mehrfach schräg einschneiden. Teiglinge in die Vertiefungen eines Baguetteblechs legen, 20 Minuten an einem warmen Ort gehen lassen, dann im Ofen bei 200 Grad Ober-/Unterhitze ca. 25 Minuten backen.

ZUTATEN

250 g Dinkelvollkornmehl
230 g Dinkelmehl
20 g Polenta
2 EL Goldhirse
2 EL Leinsamen
1 TL Salz
1 Prise Kokosblütenzucker
2 EL Rapsöl
½ Würfel Hefe
2 EL Grieß

SNACKS, SUPPEN & SALATE

NF

TORBELLINOS
Italia

🕐 ca. 25 Minuten plus Gehzeit ca. 45 Minuten 🍲 für ca. 20 Stück

SNACKS, SUPPEN & SALATE

ZUTATEN

FÜR DIE FÜLLUNG

35 g getrocknete Tomaten
3 EL Paprikamark
Salz und Pfeffer zum
    Abschmecken

FÜR DEN HEFETEIG

150 g Dinkelvollkornmehl
100 g Buchweizenmehl
1 EL getrocknete italienische
    Kräuter
½ TL Salz
½ Würfel Hefe
½ TL Kokosblütenzucker
2 EL Olivenöl

Hinweis : Besonders
lecker schmecken die
Torbellinos mit rohen
Gemüsesticks und einem
Dip, z. B. Knobitunke (siehe
S. 145) oder Kräuterdip
(siehe S. 146)

ZUBEREITUNG

1 Die getrockneten Tomaten in etwas Wasser ca. 10 Minuten einweichen.

2 Dinkelvollkornmehl mit Buchweizenmehl, italienischen Kräutern und Salz vermengen. Hefe in 150 ml lauwarmes Wasser bröseln und darin auflösen, Kokosblütenzucker ebenfalls hinzugeben. Eine Mulde in das Mehl drücken, Hefewasser und Olivenöl hineingießen und zu einem glatten Teig kneten. Abgedeckt an einem warmen Ort ca. 45 Minuten gehen lassen.

3 Für die Füllung die getrockneten Tomaten abgießen, grob zerkleinern, mit Paprikamark fein pürieren und mit Salz, Pfeffer abschmecken.

4 Nach der Gehzeit den Teig auf einer bemehlten Arbeitsfläche länglich ausrollen. Mit der Tomatenpaste bestreichen und quer in ca. 2 cm breite Streifen schneiden. Die Teigstreifen jeweils mehrfach eindrehen und auf ein mit Backpapier ausgelegtes Blech setzen.

5 Im vorgeheizten Backofen bei 180 Grad auf der zweiten Schiene von unten bei Ober-/Unterhitze 12-15 Minuten backen, dann aus dem Ofen nehmen, abkühlen lassen und servieren.

ANTIPASTI
mit Linsenhummus

GF NF

⏱ ca. 40 Minuten plus Durchziehzeit über Nacht 🍲 für ca. 2 Portionen

ZUBEREITUNG

① Paprika waschen, halbieren und von den Kernen befreien. Mit den Schnittflächen nach unten auf ein mit Backpapier ausgelegtes Blech legen und auf oberster Schiene bei 200 Grad Grillstufe backen, bis die Haut Blasen wirft und schwarz ist (ca. 10-15 Minuten). Leicht abkühlen lassen, enthäuten und austretenden Sud auffangen. Schnittlauch waschen und in Röllchen schneiden. Knoblauchzehe abziehen, in feine Scheiben schneiden und mit Schnittlauchröllchen, Sud und Balsamico vermengen. Anschließend mit Salz, Pfeffer würzen, zu den Paprika geben und über Nacht ziehen lassen.

② Champignons putzen. Große Pilze vierteln oder in Scheiben schneiden. Kleine Champignons können im Ganzen weiterverarbeitet werden. Knoblauchzehen abziehen und in feine Scheiben schneiden. Thymianblättchen abstreifen. Olivenöl in einer Pfanne erhitzen, Knoblauch und Thymian darin andünsten, dann die Pilze hinzugeben und dünsten, bis sie Flüssigkeit abgeben. Mit Balsamico ablöschen und kurz einkochen lassen. Vom Herd nehmen, mit Salz, Pfeffer abschmecken und über Nacht durchziehen lassen.

③ Am nächsten Tag die Linsen mit 160 ml Wasser aufkochen, ca. 10 Minuten garen, bis sie weich sind, dabei gelegentlich umrühren. Abkühlen lassen. Mit Mandelmus, Zitronensaft, grob zerkleinertem Knoblauch und ca. 2 EL Wasser pürieren. Mit Salz abschmecken und mit Sesam garnieren. Paprika und Champignons mit dem Linsenhummus servieren.

ZUTATEN

MARINIERTE PAPRIKA
3 rote Spitzpaprika
1 Knoblauchzehe
½ Bund Schnittlauch
3 EL Balsamico
Salz und Pfeffer zum Würzen

KNOBLAUCHCHAMPIGNONS
250 g Champignons
2 Knoblauchzehen
1 Zweig Thymian
2 EL Olivenöl
4 EL Balsamico
Salz und Pfeffer zum Abschmecken

LINSENHUMMUS
70 g rote Linsen
1 TL Mandelmus
½ Zitrone
1 Knoblauchzehe
Salz zum Abschmecken
1 TL bunter Sesam

SNACKS, SUPPEN & SALATE

Tipp
Zu der mediterranen Antipasti-Platte passt frisches Baguette oder Brot perfekt.

Rohe CHINAROLLEN

ca. 25 Minuten — für ca. 2 Portionen

ZUTATEN

FÜR DIE ROLLEN
8 große Blätter Chinakohl
1 Avocado
1 Limette
1 Knoblauchzehe
Salz und Pfeffer zum Abschmecken
1 gelber Paprika
1 kleine Karotte
20 g Mandeln
60 g Sprossen, z. B. aus Linsen
8 lange Schnittlauchhalme

FÜR DEN DIP
1 EL helles Nussmus (Cashew, Mandel, Erdnuss)
1 Orange
1 TL roher Agavendicksaft
6 Blätter Minze
½ mittelscharfe Chilischote
Salz und Pfeffer zum Abschmecken

ZUBEREITUNG

1. Die Chinakohlblätter waschen und trocken tupfen. Avocado von Stein und Schale lösen, mit Limettensaft und Knoblauch pürieren und mit Salz und Pfeffer abschmecken. Paprika und Karotte waschen und in feine Streifen hobeln oder schneiden. Mandeln fein mahlen. Sprossen waschen und abtropfen lassen.

2. Chinakohlblätter flach nebeneinander auslegen. Avocadocreme auf die unteren Enden verteilen. Gemahlene Mandeln, Gemüsestreifen und Sprossen darüber geben und die Blätter vorsichtig aufrollen. Um jedes Röllchen einen Schnittlauchhalm knoten und auf Teller verteilen.

3. Für den Dip Nussmus mit dem Saft der Orange, Agavendicksaft, gehackter Minze und gehackter Chilischote vermengen, mit Salz und Pfeffer abschmecken und in einem Schälchen zu den rohen Chinarollen reichen.

Thai-
GEMÜSESUPPE

⏱ ca. 30 Minuten 🍽 für ca. 2 Portionen

ZUBEREITUNG

1. Zwiebel und Knoblauchzehen abziehen und fein würfeln. Mit einem Topf den unteren Teil des Zitronengrases platt klopfen. Chilischote halbieren, entkernen und fein hacken. Brokkoli waschen und in Röschen teilen. Zuckerschoten waschen, evtl. halbieren. Karotten der Länge nach halbieren und in Scheiben schneiden.

2. Kokosöl in einem großen Topf erhitzen, Zwiebeln, Knoblauch, Zitronengras und Chilischote dazugeben und kurz andünsten, dann das vorbereitete Gemüse hinzugeben und weiterdünsten.

3. Kokosmilch, Curry und Kurkuma dazugeben, aufkochen und bei kleiner Hitze 5-7 Minuten köcheln lassen, bis das Gemüse gar ist, aber noch Biss hat. Saft der Limette hinzugeben.

4. Kurz vor Ende der Garzeit die Reisnudeln mit heißem Wasser übergießen, ca. 4 Minuten quellen lassen, zuschneiden und zusammen mit Kokosblütenzucker und Erdnüssen zur Thaisuppe geben. Zitronengras aus der Suppe entfernen, diese mit Salz und Pfeffer abschmecken, auf zwei Teller verteilen und mit Sprossen garniert servieren.

ZUTATEN

1 Zwiebel
2 Knoblauchzehen
2 Stängel Zitronengras
1 kleine Chilischote
1 Brokkoli
200 g Zuckerschoten
500 g Bio-Karotten
2 El Kokosöl
1 Dose Kokosmilch
1 TL Currypulver
1 TL Kurkuma
1 Limette
50 g asiatische Reisnudeln
1 TL Kokosblütenzucker
2 EL geröstete Erdnüsse
2 EL Mungbohnen-Sprossen
Salz und Pfeffer zum Abschmecken

SNACKS, SUPPEN & SALATE

LINSEN-EINTOPF
» Smokey «

ca. 50 Minuten für ca. 2 Portionen

ZUTATEN

2 mittelgroße Kartoffeln
300 g Bio-Karotten
2 Spitzpaprika
1 Zwiebel
2 Knoblauchzehen
1 kleine Chilischote
2 EL Olivenöl
160 g Berglinsen
2 Lorbeerblätter
1 TL geräuchertes Paprikapulver
1 EL Balsamico
150 g Tomatenmark
2 Zweige Basilikum
Salz und Pfeffer zum Abschmecken

ZUBEREITUNG

1. Kartoffeln schälen und in ca. 1,5 cm große Würfel schneiden. Karotten und Spitzpaprika waschen, je nach Größe längs halbieren und in Scheiben bzw. Streifen schneiden. Zwiebel und Knoblauchzehen abziehen und fein würfeln. Chilischote entkernen und fein hacken.

2. Topf erhitzen, Olivenöl, Zwiebeln und Knoblauch hinein geben und andünsten. Kartoffeln, Karotten, Paprika, Berglinsen und Chili hinzufügen und ca. 5 Minuten andünsten. Anschließend ca. 800 ml Wasser, Lorbeerblätter und geräuchertes Paprikapulver dazugeben und aufkochen. Dann auf kleinster Stufe bei geschlossenem Deckel ca. 30 Minuten köcheln lassen, dabei gelegentlich umrühren.

3. Wenn die Linsen und das Gemüse gar sind, Balsamico, Tomatenmark und gehackten Basilikum unterrühren, mit Salz und Pfeffer abschmecken und den rauchigen Linseneintopf servieren.

Brokkoli CREMESÜPPCHEN

🕐 ca. 25 Minuten 🍲 für ca. 2 Portionen

ZUBEREITUNG

1. Weiße Bohnen abspülen und in einem Sieb abtropfen lassen. Brokkoli waschen und in Röschen teilen. Thymianblättchen von den Zweigen zupfen. Zwiebel und Knoblauchzehen abziehen, fein würfeln.

2. Topf erhitzen, Rapsöl, Zwiebel-, Knoblauchwürfel und Thymian hineingeben und kurz andünsten. Brokkoliröschen dazugeben, kurz weiterdünsten. Bei Belieben mit Weißwein ablöschen und diesen nahezu verkochen lassen. 600 ml Wasser dazugeben, aufkochen und ca. 10 Minuten köcheln lassen, dabei gelegentlich umrühren.

3. Die Bohnen hinzufügen und alles zu einer feinen Suppe pürieren, mit Salz, Pfeffer und Apfelsüße abschmecken und servieren.

ZUTATEN

1 Dose weiße Bohnen
1 Brokkoli
2 Zweige Thymian
1 Zwiebel
2 Knoblauchzehen
1 EL Rapsöl
100 ml Weißwein (optional)
Salz und Pfeffer zum Abschmecken
½ Tl Apfelsüße

SNACKS, SUPPEN & SALATE

Kichererbsen-KÜRBISSUPPE

ca. 30 Minuten • für ca. 2 Portionen

ZUTATEN

1 Zwiebel
1 Apfel
450 g Hokkaidokürbis
1 EL Rapsöl
½ TL Chilipulver
1 Prise Ceylonzimt
600 ml Gemüsebrühe
½ Dose Kichererbsen
1 Prise Zitronenpfeffer
Salz zum Abschmecken
½ Orange
2 Zweige Petersilie
1 EL Kürbiskerne

ZUBEREITUNG

❶ Zwiebel abziehen und fein würfeln. Apfel und Hokkaidokürbis waschen, halbieren, von den Kernen befreien und grob würfeln. Rapsöl erhitzen, Zwiebelwürfel darin andünsten. Kürbis, Apfel, Chili und Zimt dazugeben, mit Gemüsebrühe ablöschen, aufkochen und unter gelegentlichem Rühren ca. 20 Minuten köcheln lassen.

❷ Kichererbsen abtropfen lassen und zur Suppe geben, alles fein pürieren, mit Zitronenpfeffer, Salz und Saft der Orange abschmecken und mit einigen Kichererbsen, Petersilie und Kürbiskernen garniert servieren.

Tipp
Dazu passt das schnelle Leinsamenbaguette (siehe S. 103) hervorragend.

Apfel-Kichererbsen-SALAT mit GRILL-PAPRIKA

⏱ ca. 45 Minuten 🍲 für ca. 2 Portionen

ZUBEREITUNG

1. Paprika waschen, halbieren, entkernen und mit den Schnittflächen nach unten auf ein mit Backpapier ausgelegtes Backblech legen. Auf oberster Schiene im Ofen bei 225 Grad Grillstufe rösten, bis die Haut schwarz ist und Blasen wirft (ca. 10-15 Minuten). Anschließend Paprika auskühlen lassen, den Sud dabei auffangen.

2. Dinkelmehl mit Weinstein-Backpulver, Salz und Mineralwasser zu einem glatten Teig verrühren, auf ein mit Backpapier ausgelegtes Blech geben, schwarzen Sesam auf den Fladen streuen und im vorgeheizten Backofen bei 200 °C Ober-/Unterhitze 15-20 Minuten backen. Kurz auskühlen lassen.

3. Kichererbsen abtropfen lassen. Apfel waschen und klein schneiden. Paprika häuten und ebenfalls zerkleinern, Dill waschen, trocken schütteln und grob hacken. Die vorbereiteten Zutaten in eine Schüssel geben.

4. Mangobalsamico, Zitronensaft, Walnusshälften, Rosinen, Zimt und Kreuzkümmel zufügen, vermengen und mit Salz und frisch gemahlenem Pfeffer abschmecken. Kurz ziehen lassen und mit dem Blitzfladenbrot servieren.

ZUTATEN

FÜR DEN APFEL-KICHERERBSENSALAT
1 roter Paprika
1 gelber Paprika
1 Dose Kichererbsen
1 Apfel
3 Zweige Dill
1 TL Zitronensaft
2 EL Walnusshälften
1 EL Rosinen
2 EL Mangobalsamico (Basic-Rezept, siehe S. 217)
1 Prise Ceylonzimt
1 Prise gemahlener Kreuzkümmel
Salz und Pfeffer zum Abschmecken

FÜR DAS BLITZFLADENBROT
100 g Dinkelvollkornmehl
1 TL Weinstein-Backpulver
¼ TL Salz
6-8 El Mineralwasser mit Kohlensäure
1 TL schwarzer Sesam

SNACKS, SUPPEN & SALATE

NF GF

Erfrischender
MELONENSALAT

⏱ ca. 15 Minuten 🍲 für ca. 2 Portionen

ZUTATEN

500 g Wassermelone
1 Bio-Gurke
1 Avocado
1 Frühlingszwiebel
1 Orange
1 EL weißer Balsamico
1 EL Olivenöl (optional)
2 Zweige Zitronenmelisse
2 EL Kürbiskerne
2 EL Bio-Balsamicocreme ohne
   Zusätze
Salz und Pfeffer zum
   Abschmecken

ZUBEREITUNG

1. Schale der Wassermelone entfernen und das Fruchtfleisch in dünne Scheiben schneiden. Mit einem Herzausstecher Melonenherzen ausstechen, dabei möglichst wenig Fruchtfleisch übrig lassen (alternativ ca. 1 cm große Würfel schneiden).

2. Gurke waschen, halbieren, die Kerne entfernen und in Scheiben schneiden. Avocado halbieren, Stein entfernen, aus der Schale lösen und in Scheiben schneiden. Frühlingszwiebeln putzen, in feine Ringe schneiden, mit Saft der Orange, weißem Balsamico und nach Belieben Olivenöl zu einem Dressing verrühren und mit Salz und Pfeffer abschmecken. Zitronenmelisse waschen, trockenschütteln, grob zerkleinern.

3. Melonenherzen auf zwei Teller verteilen. Gurkenscheiben und Avocado dazugeben, Dressing darüber- träufeln und mit Kürbiskernen bestreuen. Den Salat mit Bio-Balsamicocreme und Zitronenmelisse garnieren und servieren.

SNACKS, SUPPEN & SALATE

Tipp
Dazu passt frisches Baguette oder Ciabatta perfekt.

QUINOA-POWERSALAT
mit Sprossen

ca. 35 Minuten plus Einweich-/Kochzeit über Nacht + 60 Minuten • für 2-3 Portionen

ZUBEREITUNG

1. Schwarze Bohnen über Nacht in reichlich kaltem Wasser einweichen. Am nächsten Tag abgießen, im Schnellkochtopf in reichlich frischem Wasser ca. 20 Minuten kochen. Dann abgießen und auskühlen lassen.

2. Quinoa unter fließendem kaltem Wasser sorgfältig abspülen. Anschließend in einem Topf mit der doppelten Menge Wasser aufkochen und ca. 20 Minuten mit geschlossenem Deckel köcheln.

3. Währenddessen Reisjoghurt, weißen Balsamico, Garam Masala, Senf und Limettensaft in einer großen Schüssel verrühren. Paprika waschen, von Stiel und Kernen befreien und in Würfel schneiden. Mandeln grob hacken. Sprossen gründlich mit kaltem Wasser abspülen.

4. Etwa 5 Minuten vor Ende der Garzeit die Erbsen zur Quinoa geben. Wenn die Quinoa gar ist, diese etwa 10 Minuten ausdampfen lassen. Petersilie waschen, trocken schütteln und grob hacken.

5. Quinoa, Petersilie, Paprikawürfel, Mandeln, schwarze Bohnen und 3 EL Sprossen in eine Schüssel geben, gut vermengen und mit Salz, Pfeffer abschmecken. Quinoa-Powersalat ca. 1 h durchziehen lassen. Vor dem Servieren den Salat mit den restlichen Sprossen garnieren.

ZUTATEN

FÜR DEN SALAT
80 g getrocknete schwarze Bohnen
130 g bunte Quinoa
1 roter Paprika
1 gelber Paprika
2 EL Mandeln
5 EL Sprossen nach Wahl
60 g Erbsen (tiefgekühlt)
½ Bund Petersilie
Salz und Pfeffer zum Abschmecken

FÜR DAS DRESSING
70 g Reisjoghurt
2 EL weißer Balsamico
½ TL Garam Masala Curry
1 TL Senf
1 TL Limettensaft

Hinweis: Der Powersalat lässt sich auch gut in größeren Mengen herstellen und eignet sich bestens zum Mitnehmen zur Arbeit oder in die Schule.
Wenn es schnell gehen soll, kann anstelle der schwarzen Bohnen eine Dose Kidneybohnen verwendet werden.

SNACKS, SUPPEN & SALATE

Fruchtiger KELPNUDEL SALAT

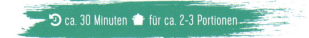

ca. 30 Minuten — für ca. 2-3 Portionen

ZUTATEN

1 Packung Kelpnudeln (340 g)
100 g Physalis
250 g Weißkohl
2 Frühlingszwiebeln
1 rote Chilischote
4 Datteln Deglet Nour
400 g Ananas, geschält und gewürfelt
2 EL Rosinen
2 Orangen
1 Limette
1 EL rohes Cashewmus
Salz und Pfeffer zum Abschmecken
1 EL roher Agavendicksaft
2 EL Sesam (gold und schwarz)
1 Beet Kresse

ZUBEREITUNG

1. Kelpnudeln unter fließendem Wasser gründlich abspülen, dann abtropfen lassen. Physalis halbieren. Weißkohl in feine Streifen hobeln, Frühlingszwiebeln und Chili in feine Ringe schneiden. Datteln entkernen und grob hacken. Kelpnudeln, Ananas, Physalis, Datteln, Rosinen und das Gemüse in eine Schüssel geben.

2. Orangen und Limette auspressen. Saft mit Cashewmus, Agavendicksaft und Sesam vermengen, mit dem Salat vermischen, mit Salz und frisch gemahlenem Pfeffer abschmecken und ca. 15 Minuten ziehen lassen, dann mit Kresse garnieren und servieren.

SOMMERSALAT
mit Grillpfirsichen und Knoblauchbrot

ca. 25 Minuten — für ca. 2 Portionen

ZUBEREITUNG

1. Salat putzen, waschen und trocken schleudern. Radieschen waschen, in feine Scheiben schneiden. Champignons ebenfalls fein schneiden. Balsamico, 3 El Olivenöl, Salz und Zitronenpfeffer zu einem Dressing verrühren und beiseitestellen.

2. Das Mehrkornbrot kurz von jeder Seite grillen (alternativ toasten), dann mit der geschälten und halbierten Knoblauchzehe einreiben.

3. Pfirsiche waschen, halbieren und vom Stein lösen. Apfelsüße, Zitronensaft, Thymianblättchen, 1 TL Olivenöl und frisch gemahlenen Pfeffer verrühren und auf die Schnittflächen der Pfirsiche streichen. Diese in eine (Grill-)Pfanne oder auf den Grillrost legen und ca. 2 Minuten grillen, dann einmal wenden und weitere 2 Minuten grillen.

4. Dressing mit Salat, Radieschen und Champignons vermengen, mit Sonnenblumenkernen bestreuen und mit Grillpfirsichen und Knoblauchbrot servieren.

ZUTATEN

FÜR DEN SOMMERSALAT MIT BROT

150 g Salat (z. B. Wildkräuter, Rucola, Feldsalat)
150 g Radieschen
150 g Champignons
3 EL Balsamico
3 EL Olivenöl
1 Prise Salz
1 Prise Zitronenpfeffer
2-4 Scheiben Mehrkornbrot
1 Knoblauchzehe
2 EL Sonnenblumenkerne

FÜR DIE GRILLPFIRSICHE

2 große Pfirsiche
1 EL Apfelsüße
1 TL Zitronensaft
2 Zweige Thymian
1 TL Olivenöl
1 Prise schwarzer Pfeffer

KOHLRABI-TÜRMCHEN
mit Mango-Salsa

⏱ ca. 20 Minuten 🍴 für 2 Personen

ZUTATEN

FÜR DIE KOHLRABITÜRMCHEN
1 Scheibe kerniges Roggenvollkornbrot
1 großer Kohlrabi
2 Frühlingszwiebeln
2 EL Mangobalsamico (Basic-Rezept siehe S. 217)
1 TL Olivenöl
1 TL mittelscharfer Senf
Salz und Pfeffer zum Abschmecken

FÜR DIE MANGO-SALSA
1 kleine Mango
1 rote Chilischote
1 TL Currypulver
1 Prise Salz

ZUBEREITUNG

1. Roggenvollkornbrot in kleine Würfel schneiden in Vorspeiseringen auf Tellern zu einem Boden festdrücken.

2. Kohlrabi schälen und fein raspeln. Frühlingszwiebeln klein schneiden. Mangobalsamico, Olivenöl und Senf glatt rühren, mit Salz und Pfeffer abschmecken. Dressing mit Kohlrabiraspeln und Frühlingszwiebeln vermengen und den Salat mithilfe der Vorspeisenringe auf dem Brotboden zu Türmchen formen.

3. Mango schälen, vom Stein schneiden und das Fruchtfleisch in kleine Würfel schneiden. Chilischote entkernen und in feine Ringe schneiden. Mangowürfel mit Chili, Currypulver und Salz vermengen und zu den Kohlrabitürmchen servieren.

SNACKS, SUPPEN & SALATE

HUMMUS SCHIFFCHEN
an Couscousinseln

🕐 ca. 30 Minuten 🍲 für ca. 2 Portionen

ZUBEREITUNG

1. Couscous mit 230 ml leicht gesalzenem Wasser aufkochen. Mit geschlossenem Deckel ca. 10 Minuten ruhen lassen, dann mit einer Gabel auflockern und abkühlen lassen.

2. Aprikosen waschen, halbieren, vom Stein lösen und in mundgerechte Stücke schneiden. Petersilie oder Koriander waschen, trocken schütteln und grob hacken. Zwiebel schälen, halbieren und in feine Streifen schneiden. Zitrone auspressen. Die vorbereiteten Zutaten mit Chiliflocken, Essig und Olivenöl zum Couscous geben, vermengen, mit Salz und Pfeffer abschmecken und eine Weile ziehen lassen.

3. In der Zwischenzeit Kichererbsen abtropfen lassen. Knoblauchzehen abziehen, grob hacken, mit Zitronensaft, Olivenöl oder 2 EL Wasser zu den Kichererbsen geben und fein pürieren. Hummus mit Salz und Pfeffer abschmecken und in einen Spritzbeutel füllen.

4. Die Gurke waschen, längs halbieren und die Kerne mit einem Teelöffel entfernen. Hummus in die Vertiefungen spritzen. Datteltomaten waschen, längs halbieren, fächerartig in das Hummus stecken und mit Sesam bestreuen. Hummusschiffchen mit dem Couscoussalat anrichten und servieren.

ZUTATEN

FÜR DIE COUSCOUSINSELN
120 g Vollkorn-Couscous
120 g Aprikosen
½ Bund Petersilie oder Koriander
½ rote Zwiebel
½ Bio-Zitrone
½ TL Chiliflocken
1 EL Kräuteressig
1 EL Olivenöl
Salz und Pfeffer zum Abschmecken

FÜR DIE HUMMUSSCHIFFCHEN
1 Dose Kichererbsen
2 Knoblauchzehen
½ Zitrone
2 EL Olivenöl (oder Wasser)
Salz und Pfeffer zum Abschmecken
1 Gurke
150 g Datteltomaten
2 TL bunter Sesam

SNACKS, SUPPEN & SALATE

Tipp
Statt Aprikosen können auch Heidelbeeren für den Salat verwendet werden.

Hauptgerichte
BITTE ZUGREIFEN!

Bunte ENERGY-WRAPS

ca. 35 Minuten für ca. 2 Portionen

ZUTATEN

FÜR DIE WRAPS
100 g Dinkelmehl Type 630
50 g Dinkelvollkornmehl
1 Prise Salz
1 TL Weinstein-Backpulver
320 ml Wasser
2 TL Kokosöl

FÜR DIE FÜLLUNG
80 g Quinoa
1 Bund Petersilie
50 g grüner Salat (z. B. Kopfsalat, Rucola, Feldsalat)
150 g Tomaten
1 kleine Knolle Rote Bete
2 Bio-Karotten
1 TL Sesam
1 Beet Kresse

FÜR DIE SOßE
1 Avocado
½ Mango
1 EL Zitronensaft
¼ TL Chiliflocken
1 Prise Kreuzkümmel
Salz und Pfeffer zum Abschmecken

ZUBEREITUNG

1. Beide Mehle in eine Schüssel geben, Salz, Weinstein-Backpulver und Wasser hinzugeben und mit dem Schneebesen zu einem glatten Teig verquirlen. Teig ca. 15 Minuten ruhen lassen.
2. In der Zwischenzeit Quinoa abspülen, in einem Topf mit der doppelten Menge leicht gesalzenem Wasser aufkochen und ca. 20 Minuten auf kleinster Stufe garen, dann beiseitestellen und auskühlen lassen. Petersilie hacken und untermengen.
3. Für die Avocadosoße Avocado- und Mangofruchtfleisch mit Zitronensaft, Chiliflocken und Kreuzkümmel pürieren, mit Salz und Pfeffer abschmecken. Die Hälfte der Creme mit der Quinoa vermengen und kräftig abschmecken.
4. Salat waschen und trocken schleudern. Tomaten waschen und klein schneiden. Rote Bete schälen, halbieren und fein raspeln. Karotten ebenfalls raspeln.
5. Pro Wrap bei mittlerer Hitze einen halben Teelöffel Kokosöl in einer Pfanne erhitzen, eine Suppenkelle Teig in die Pfanne gießen und durch Schwenken der Pfanne zu einem runden flachen Fladen formen. Nach drei Minuten einmal wenden und weitere zwei Minuten braten, dabei gelegentlich mit etwas Wasser besprenkeln. Mit dem restlichen Teig ebenso verfahren.
6. Wraps mittig mit Quinoa, Salat, Tomaten, Rote-Bete-Raspel und Karottenstreifen belegen, mit Avocadosoße, Sesam und Kresse abschließen, dann aufrollen, mittig halbieren und genießen.

VITALBURGER
Deluxe

⏱ ca. 40 Minuten 🍲 für ca. 2 Portionen

ZUBEREITUNG

① Die Erbsen in Salzwasser ca. 10 Minuten garen, abgießen und ausdampfen lassen. Mit Mandelmus, Minze, Ahornsirup und Zitronensaft pürieren, mit Salz, Pfeffer abschmecken und im Kühlschrank durchziehen lassen.

② Für die Burgerpatties Austernpilze, Kürbiskerne und abgezogene Knoblauchzehen im Mixer fein pürieren, mit Kichererbsenmehl und gehackter Petersilie vermengen, kräftig mit Salz und Pfeffer abschmecken. Aus der Masse zwei Patties formen.

③ Apfel waschen, Kerngehäuse ausstechen und in ca. 1 cm dicke Scheiben schneiden. Zucchini in schmale Streifen hobeln, Zwiebel abziehen und in Ringe schneiden. Salatblätter und Rucola waschen und trocken schleudern. Karotte mit einem Sparschäler in Streifen schneiden.

④ Zwei Pfannen erhitzen, je einen Esslöffel Olivenöl hineingeben. In der einen Pfanne die Pilzpatties ca. 10 Minuten braten, dabei einmal wenden, in der anderen Pfanne die Apfel- und Zucchinischeiben anbraten.

⑤ Brötchen halbieren, mit Salatblättern und Pilzpatties belegen, dann den Erbsendip, die Apfel- und Zucchinischeiben, Karottenstreifen, Zwiebelringe und Rucola darauf geben und servieren.

ZUTATEN

FÜR DIE SOßE
100 g Erbsen (frisch oder TK)
1 EL weißes Mandelmus
6 Blätter Minze
1 TL Ahornsirup
1 TL Zitronensaft
Salz und Pfeffer zum Abschmecken

FÜR DEN BURGER
200 g Austernpilze
50 g Kürbiskerne
2 Knoblauchzehen
4 EL Kichererbsenmehl
1 Bund Petersilie
Salz und Pfeffer zum Abschmecken

1 Apfel
100 g Zucchini
½ rote Zwiebel
2-6 grüne Salatblätter
1 Handvoll Rucola
1 Bio-Karotte
2 EL Olivenöl
2 Brötchen nach Wahl (gekauft oder selbst gebacken)

HAUPTGERICHTE

BULGUR-BÄLLCHEN
»Greek Style«

⏱ ca. 60 Minuten 🍲 für ca. 2 Portionen

ZUTATEN

FÜR DAS ZAZIKI
120 g Reisjoghurt
2 TL Zitronensaft
1 Knoblauchzehe
80 g Gurke
Salz und Pfeffer zum Abschmecken

FÜR DIE BULGURBÄLLCHEN
70 g feiner Bulgur
30 g Polenta
2 Knoblauchzehen
2 EL Tomatenmark
1 EL Guarkernmehl
1 TL Paprikapulver edelsüß
½ TL Pul Biber
½ TL Kreuzkümmel
Salz und Pfeffer zum Abschmecken
6-8 Oliven
2 EL Rapsöl

FÜR DIE KARTOFFELN
500 g kleine Bio-Kartoffeln

ZUBEREITUNG

1. Den Reisjoghurt mit Zitronensaft und abgezogener Knoblauchzehe fein pürieren. Gurke in feine Streifen hobeln, zum Joghurt geben, mit Salz und Pfeffer abschmecken und abgedeckt ca. 30 Minuten ziehen lassen.

2. In der Zwischenzeit ca. 350 ml Wasser zum Kochen bringen, Bulgur und Polenta einrühren, vom Herd nehmen und ca. 10 Minuten quellen lassen. Gehackte Knoblauchzehen, Tomatenmark, Guarkernmehl, Paprikapulver, Pul Biber, Kreuzkümmel, Salz und Pfeffer untermengen. Aus der Masse Bällchen formen, eine Mulde eindrücken, je eine halbe Olive hineingeben und wieder verschließen. In reichlich Salzwasser ca. 5 Minuten garen, dann herausnehmen und abtropfen lassen.

3. Kartoffeln gründlich waschen, halbieren und mit den Schnittflächen nach oben auf ein mit Backpapier ausgelegtes Blech geben. Kartoffelhälften gleichmäßig dünn mit Salz bestreuen und im Ofen bei 180 Grad Ober-/Unterhitze ca. 30 Minuten backen, bis sie leicht gebräunt sind und sich an der Oberfläche Blasen gebildet haben.

4. Bulgurbällchen in einer beschichteten Pfanne in Rapsöl rundum anbraten und mit den Ofenkartoffeln und Zaziki servieren.

Hinweis: Zu dem Gericht schmeckt ein Gurken-Tomaten-Salat mit Minzdressing sehr gut.

Mungbohnen-REISTOPF

GF NF

⏱ ca. 45 Minuten plus Einweichzeit mind. 4 Stunden 🍲 für ca. 2 Portionen

ZUBEREITUNG

1. Mungbohnen mindestens 4 Stunden in reichlich kaltem Wasser einweichen.

2. Zwiebel und Knoblauch abziehen, fein hacken. Karotten putzen, je nach Größe längs halbieren und in Scheiben schneiden. Spitzpaprika waschen, entkernen und in Streifen schneiden.

3. Zwiebeln, Knoblauch, Karotten, Spitzpaprika, eingeweichte und abgeseihte Mungbohnen, lila Reis und 550 ml Wasser in einen großen Topf geben, aufkochen, Hitze reduzieren und ca. 30 Minuten mit geschlossenem Deckel garen. Gelegentlich umrühren, bei Bedarf etwas Wasser nachgießen.

4. In der Zwischenzeit den Dip herstellen. Hierfür Reisjoghurt mit Zitronensaft, Kurkuma, Apfelsüße und Kokosmehl pürieren, mit Salz und Pfeffer abschmecken.

5. Petersilie waschen und fein hacken. Wenn der Mungbohnen-Reistopf gar ist, Petersilie und Kreuzkümmel unterrühren, mit Salz und Pfeffer abschmecken und mit dem Kurkuma-Dip servieren.

ZUTATEN

FÜR DEN MUNGBOHNEN-REISTOPF

120 g Mungbohnen
1 Zwiebel
1 Knoblauchzehe
2 Bio-Karotten
2 rote Spitzpaprika
80 g lila Reis
½ Bund Petersilie
1 TL gemahlener Kreuzkümmel
Salz und Pfeffer zum Abschmecken

FÜR DEN KURKUMA-DIP

100 g Reisjoghurt
1 EL Zitronensaft
1 TL Kurkuma
1 EL Apfelsüße
2 TL Kokosmehl
Salz und Pfeffer zum Abschmecken

HAUPTGERICHTE

Tipp
Wer es lieber knackiger mag, gibt das Gemüse erst nach 15 Minuten Garzeit zum Mungbohnen-Reis.

GF

GLÜCKSROLLEN
»Regenbogen«

⏱ ca. 40 Minuten 🏠 für ca. 2 Portionen

HAUPTGERICHTE

ZUTATEN

FÜR DIE GLÜCKSROLLEN
je ½ Paprika (rot, gelb)
150 g Rotkohl
2 kleine Bio-Karotten
150 g Gurke
½ Avocado
1 Frühlingszwiebel
3 EL geröstete Erdnüsse
½ Beet Gemüsekresse
10 Blätter Reispapier (rund)

FÜR DEN DIP
1 kleine Mango
1 Prise Chilipulver
1 Bio-Limette

ZUBEREITUNG

1 Paprika waschen, Kerngehäuse entfernen. Paprika, Rotkohl, Karotten, Gurke, Avocado und Frühlingszwiebel in feine Streifen schneiden. Erdnüsse grob hacken. Kresse abschneiden.

2 Je ein Blatt Reispapier für ca. 30 Sekunden in lauwarmes Wasser legen und auf eine glatte Arbeitsfläche legen. Von jeder der vorbereiteten Zutaten ein wenig mittig auf das Reispapier geben. Das Reispapier von einer Seite etwas einrollen, dann die obere und untere Seite einschlagen und seitlich aufrollen.

3 Die Mango mit Chili, Limettenabrieb und Limettensaft pürieren, mit Salz und Pfeffer abschmecken und den Mangodip zu den Regenbogen-Glücksrollen servieren.

Hinweis: Die Regenbogen-Glücksrollen eignen sich super für ein Essen mit Freunden, da jeder am Tisch seine Rollen nach persönlichen Vorlieben selbst zusammenstellen kann. Gerne können noch weitere Zutaten wie Zucchini, Tomaten, Salat und Zwiebeln oder Buchweizen-Crunch (siehe S. 214) ergänzt werden.

OFENGEMÜSE
mit Knobitunke

⏱ ca. 30 Minuten 🍲 für ca. 2 Portionen

ZUBEREITUNG

1 Für das Ofengemüse die Knoblauchzehen und Zwiebeln abziehen, Knoblauch hacken, Zwiebeln grob zerkleinern. Champignons putzen und je nach Größe zerkleinern, Pastinaken schälen. Kartoffeln sorgfältig waschen und würfeln, Pastinaken und Karotten klein schneiden. Kräuter von den Zweigen zupfen und grob zerkleinern. Alles in eine große Schüssel geben.

2 Olivenöl mit Kokosblütenzucker, je einer Prise Salz und Pfeffer vermengen. Das gewürzte Öl über das Gemüse geben, gut vermengen, auf ein Backblech geben und gleichmäßig mit Grieß bestreuen. Im vorgeheizten Ofen bei 200 Grad Ober-/Unterhitze 35-40 Minuten backen.

3 In der Zwischenzeit Hanfsamen mit abgezogenen Knoblauchzehen, Apfelessig und Wasser fein pürieren, mit Salz und Pfeffer abschmecken. Im Kühlschrank durchziehen lassen. Vor dem Servieren mit Schnittlauchröllchen garnieren und zum Ofengemüse servieren.

ZUTATEN

FÜR DAS OFENGEMÜSE
3 Knoblauchzehen
2 rote Zwiebeln
300 g Champignons
300 g Pastinaken
300 g kleine Bio-Kartoffeln
400 g bunte Bio-Karotten
2 Zweige Thymian
2 Zweige Rosmarin
2 EL Olivenöl
1 EL Kokosblütenzucker
Salz und Pfeffer zum Abschmecken
2 EL Hartweizengrieß

FÜR DIE KNOBITUNKE
60 g Hanfsamen
2 Knoblauchzehen
1 EL Apfelessig
50 ml Wasser
Salz und Pfeffer zum Abschmecken
einige Schnittlauchhalme

HAUPTGERICHTE

GEMÜSE-WEDGES
mit Dipduett

⏱ ca. 50 Minuten 🍲 für ca. 2 Portionen

ZUTATEN

FÜR DIE WEDGES
600 g Rote Bete
1 TL Kreuzkümmel
1 Prise schwarzer Pfeffer
2 EL Rapsöl
600 g Süßkartoffeln
1 Knoblauchzehe
½ TL geräuchertes Paprikapulver

FÜR DEN KRÄUTERDIP
1 Dose weiße Bohnen
2 EL Zitronensaft
2 Stängel Petersilie
½ Bund Schnittlauch
¼ TL Chiliflocken
Salz zum Abschmecken

FÜR DEN AVOCADO-SENF-DIP
1 reife Avocado
2 TL Senf
2 TL Ahornsirup
1 EL Zitronensaft
2 Stängel Dill
Salz und Pfeffer zum Abschmecken

ZUBEREITUNG

1. Rote Bete schälen und in 0,5 cm breite Spalten schneiden. Mit Kreuzkümmel, Pfeffer und 1 EL Rapsöl vermengen. Auf ein mit Backpapier ausgelegtes Backblech geben und im vorgeheizten Ofen bei 200 Grad Ober-/Unterhitze ca. 15 Minuten backen.

2. Süßkartoffeln ebenfalls schälen und in 1 cm breite Spalten schneiden. Knoblauchzehe abziehen, fein hacken, zu den Süßkartoffelspalten geben und mit geräuchertem Paprikapulver und 1 EL Rapsöl vermengen. Etwa 15 Minuten, nachdem die Rote-Bete-Spalten in den Ofen geschoben wurden, die Süßkartoffelspalten mit aufs Backblech geben und beide Gemüsesorten für weitere 15-20 Minuten backen.

3. In der Zwischenzeit die Dips zubereiten. Dazu die Bohnen abtropfen lassen, mit Zitronensaft und 1-2 EL Wasser pürieren. Petersilie und Schnittlauch waschen, trocken schütteln und fein hacken bzw. in Röllchen schneiden. Kräuter und Chiliflocken zum Bohnendip geben, vermengen und mit Salz abschmecken.

4. Avocado halbieren, Kern entfernen und Fruchtfleisch aus der Schale lösen. Mit Senf, Ahornsirup und Zitronensaft pürieren. Dill waschen, trocken schütteln und fein hacken. Mit dem Avocadodip vermengen, mit Salz und Pfeffer abschmecken.

5. Wenn die Gemüse-Wedges weich sind, diese mit den beiden Dips servieren.

FLAMMKUCHEN
rustico

ca. 50 Minuten plus Geh-/Einweichzeit 3 Stunden • für ca. 2 Portionen

ZUBEREITUNG

1. Cashewkerne mindestens zwei Stunden in kaltem Wasser einweichen.

2. Dinkelmehl mit Salz vermengen. In der Mitte eine Kuhle formen. Hefe in 150 g lauwarmem Wasser mit Apfelsüße auflösen, in die Kuhle gießen und mit dem Mehl zu einem glatten Teig verkneten. Abgedeckt an einem warmen Ort ca. 45 Minuten gehen lassen.

3. In der Zwischenzeit die eingeweichten Cashewkerne abgießen, mit Hefeflocken, Zitronensaft, abgezogener Knoblauchzehe und Wasser fein pürieren und mit Salz abschmecken. Rote Bete und Zwiebel schälen und in feine Scheiben hobeln. Apfel waschen und in Spalten schneiden. Thymianblättchen abzupfen.

4. Den Teig in zwei Portionen teilen, auf einer bemehlten Arbeitsfläche dünn ausrollen und auf ein mit Backpapier ausgelegtes Blech geben. Mit Cashewcreme bestreichen und mit Rote Bete, Apfel und Zwiebeln belegen, mit Thymian und Pinienkernen bestreuen. Im vorgeheizten Ofen bei 200 Grad Ober-/Unterhitze 20-25 Minuten backen.

5. Rucola putzen, waschen und trocken schleudern. Auf die fertigen Flammkuchen streuen, mit Apfelsüße beträufeln, mit frisch gemahlenem Pfeffer würzen und servieren.

ZUTATEN

FÜR DEN PIZZATEIG
250 g Dinkelmehl (Vollkorn oder Type 630)
1 TL Salz
½ Würfel Hefe
½ TL Apfelsüße

FÜR DEN BELAG
150 g Cashewkerne
3 EL Hefeflocken
1 EL Zitronensaft
1 Knoblauchzehe
100 ml Wasser
Salz zum Abschmecken
1 kleine Rote Bete
1 rote Zwiebel
1 kleiner Apfel
4 Zweige Thymian
2 EL Pinienkerne
1 Handvoll Rucola
2 EL Apfelsüße
1 Prise schwarzer Pfeffer

GEMÜSETALER
mit Quinoa

ca. 60 Minuten   für ca. 2 Portionen

ZUTATEN

FÜR DIE GEMÜSETALER
150 g Bio-Karotten
1 kleine Zwiebel
1 Knoblauchzehe
3 EL Leinsamen
1 EL Mandeln
1 EL (glutenfreie) Haferflocken
½ Bund glatte Petersilie
2 EL Johannisbrotkernmehl
1 EL Tomatenmark
½ TL Ras el Hanout (afrikanische Gewürzmischung)
100 g vorgegarter Jasminreis (40 g roh)
Salz und Pfeffer zum Abschmecken

FÜR DIE QUINOA
150 g weiße Quinoa
1 TL Kurkuma
1 Prise Salz
100 g Erbsen (tiefgekühlt)
½ Bund Schnittlauch

FÜR DIE TOMATENSOBE
1 Schalotte
350 g Cherrytomaten
1 EL Kokosöl
½ TL Currypulver
Salz und Pfeffer zum Abschmecken

ZUBEREITUNG

1. Karotten waschen, Zwiebel und Knoblauchzehe abziehen und vierteln, mit Leinsamen, Mandeln und Haferflocken im Mixer zerkleinern, bis keine groben Stücke mehr vorhanden sind. Petersilie waschen, klein hacken und mit Johannisbrotkernmehl, Tomatenmark, Ras el Hanout und dem vorgegarten Reis unter die Karottenmasse rühren, mit Salz und Pfeffer abschmecken. Daraus etwa sechs runde Taler formen, auf ein mit Backpapier ausgelegtes Blech geben und im Ofen bei 180 Grad Ober-/Unterhitze ca. 35 Minuten backen, dabei nach etwa 25 Minuten einmal wenden.

2. Quinoa in ein feines Sieb geben, gründlich mit kaltem Wasser spülen, in einen Topf geben und mit der doppelten Menge Wasser aufkochen. Kurkuma und eine Prise Salz hinzugeben und auf kleinster Stufe mit geschlossenem Deckel ca. 20 Minuten garen. 5 Minuten vor Garzeitende die Erbsen dazugeben.

3. Für die Tomatensoße Schalotte abziehen und fein würfeln. Cherrytomaten vierteln. Kokosöl in einem Topf erhitzen, Schalotte dazugeben, mit Currypulver bestäuben und glasig dünsten. 200 g Tomatenviertel hinzugeben, mit 100 ml Wasser ablöschen und aufkochen, ca. 5 Minuten offen köcheln lassen, dann fein pürieren. Anschließend die restlichen Tomatenviertel dazugeben, kurz erhitzen und die Tomatensoße mit Salz, Pfeffer abschmecken.

4. Schnittlauch waschen, trocken schütteln und in Röllchen schneiden, unter die fertig gegarte Quinoa geben und mit den Gemüsetalern und der fruchtigen Tomatensoße servieren.

LUPILAFFEL
an Röstgemüse

⏱ ca. 45 Minuten plus Einweichzeit über Nacht 🍲 für ca. 2 Portionen

ZUBEREITUNG

1. Süßlupinen waschen und in reichlich kaltem Wasser über Nacht einweichen.

2. Für den Dip Reisjoghurt mit Zitronensaft verrühren, mit Salz und Pfeffer abschmecken und in den Kühlschrank stellen.

3. Die Süßlupinen abtropfen lassen. Knoblauchzehen und Zwiebel abziehen, Petersilie grob hacken, mit den Süßlupinen, Koriander, Kreuzkümmel, Sesam, Backpulver, Süßlupinenmehl, Zitronensaft, Salz und frisch gemahlenem Pfeffer im Mixer fein zerkleinern.

4. Gemüse waschen. Blumenkohl in Röschen teilen, mit Süßlupinenmehl, schwarzem Sesam und 1 EL Rapsöl vermengen und auf ein Backblech geben. Kürbis in Spalten schneiden, mit 1 EL Rapsöl und Thymianblättchen vermengen, ebenfalls aufs Backblech geben und im Ofen bei 200 Grad Ober-/Unterhitze ca. 20 Minuten garen.

5. In der Zwischenzeit reichlich Öl in einer Pfanne erhitzen. Mit zwei Teelöffeln aus der Lupinen-Masse Nocken ausstechen, die Lupilaffel in heißem Fett ca. 6 Minuten von allen Seiten knusprig braten. Auf Küchenpapier abtropfen lassen und zum Ofengemüse und dem Joghurtdip servieren.

Tipp
Wer möchte, kann zusätzlich knuspriges Fladenbrot servieren.

ZUTATEN

FÜR DIE LUPILAFFEL
50 g getrocknete Süßlupinen
2 Knoblauchzehen
1 kleine Zwiebel
½ Bund Petersilie
1 TL gemahlener Koriander
1 TL gemahlener Kreuzkümmel
1 TL Sesam
1 TL Backpulver
2 EL Süßlupinenmehl
½ Zitrone
½ Tl Salz
1 Prise schwarzer Pfeffer
Rapsöl zum Ausbacken

FÜR DAS OFENGEMÜSE
450 g Blumenkohl
1 EL Süßlupinenmehl
1 EL schwarzer Sesam
2 EL Rapsöl
450 g Hokkaidokürbis
2 Zweige Thymian

FÜR DEN DIP
100 g Reisjoghurt
1 EL Zitronensaft
Salz und Pfeffer zum Abschmecken

SPINAT PFANNKUCHEN
Greeny

⏱ ca. 30 Minuten 🍳 für ca. 2 Portionen

ZUTATEN

FÜR DIE PFANNKUCHEN
50 g Babyspinat
50 g gemahlene Mandeln
250 ml Wasser
100 g Dinkelvollkornmehl
100 g Dinkelmehl Type 630
½ TL Natron
1 TL Weinstein-Backpulver
¼ Tl Salz
200 ml Mineralwasser mit Kohlensäure
1 TL Zitronensaft
4 TL Kokosöl

FÜR DIE FÜLLUNG
1 Brokkoli
1 Zwiebel
2 Knoblauchzehen
1 EL Rapsöl
200 g Erbsen (tiefgekühlt)
½ Bund frische Petersilie
1 EL Cashewmus
180 ml Wasser
1 EL Hefeflocken
1 Prise Muskatnuss
Salz und Pfeffer zum Abschmecken

ZUBEREITUNG

1. Spinat putzen, waschen und mit den gemahlenen Mandeln und Wasser fein pürieren. Beide Dinkelmehle, Natron, Weinstein-Backpulver und Salz in eine große Schüssel geben, Mineralwasser und Zitronensaft dazugeben. Anschließend unter Rühren die Spinatmilch hinzugießen, bis ein geschmeidiger Teig entsteht und diesen ca. 20 Minuten ruhen lassen.

2. Brokkoli waschen und in Röschen teilen. Zwiebel und Knoblauch abziehen, fein hacken. Rapsöl in einer Pfanne erhitzen, Zwiebeln und Knoblauch darin glasig dünsten. Brokkoliröschen und Erbsen dazugeben, mit etwas Wasser ablöschen, leicht salzen und bei geschlossenem Deckel ca. 8 Minuten garen. Petersilie waschen, grob hacken und nach Ende der Garzeit zum Gemüse geben.

3. Währenddessen Cashewmus mit Wasser glatt rühren und in einem Topf aufkochen. Hefeflocken unterrühren und mit Muskatnuss, Salz, Pfeffer abschmecken. Falls die Soße zu sehr andickt, noch etwas Wasser nachgießen.

④ Pfanne erhitzen und etwas Kokosöl hineingeben. Eine Suppenkelle Spinatteig mittig hineingeben, Pfanne schwenken und Pfannkuchen bei mittlerer Hitze ca. 3-5 Minuten braten, dann einmal wenden und weitere 2-3 Minuten braten. Die restlichen Pfannkuchen wie beschrieben ausbacken, die fertigen Pfannkuchen währenddessen im vorgeheizten Ofen warm halten.

⑤ Die Pfannkuchen mit der Soße bestreichen, Gemüse darauf geben und servieren.

GF **NF**

Mediterrane
OFENAUBERGINEN

⏱ ca. 60 Minuten 🍲 für 2-3 Portionen

HAUPTGERICHTE

ZUBEREITUNG

1. Für die Soße die Tomaten waschen und würfeln. Karotte in kleine Würfel schneiden. Zwiebel abziehen und fein würfeln. Alles in einen Topf geben, aufkochen und ca. 10 Minuten unter Rühren köcheln lassen. Bei Bedarf etwas Wasser hinzufügen. Leicht anpürieren, mit Salz, Pfeffer und einer Prise Kokosblütenzucker abschmecken.

2. Auberginen waschen und mit 1 cm Abstand mehrere tiefe Spalten einschneiden, sodass das Gemüse jedoch nicht durchgeschnitten wird. Tomaten waschen und quer in dünne Scheiben schneiden. Oliven mit Knoblauch, Petersilie, Cashewkernen und dem Saft der Zitrone zu einer festen Creme pürieren, mit frisch gemahlenem Pfeffer abschmecken.

3. In jede Auberginenspalte ca. 1 TL der Olivenpaste streichen und eine Tomatenscheibe hineinstecken. In jede zweite Spalte zusätzlich ein Blatt Salbei stecken. Sollte Olivenpaste übrig bleiben, kann diese mit der Tomatensoße vermengt werden. Die Tomatensoße in eine Auflaufform geben, Auberginen daraufsetzen und im Ofen bei 200 Grad Ober-/Unterhitze je nach Größe 35-45 Minuten garen.

4. Zeitgleich Vollkorn-Basmatireis mit der doppelten Menge Wasser und den Salbeiblättern in einen Topf geben, aufkochen, dann zurückschalten und bei kleiner Hitzezufuhr ca. 35 Minuten garen. Reis zu den Ofenauberginen servieren.

ZUTATEN

FÜR DIE TOMATENSOßE
300 g Rispentomaten
1 Bio-Karotte
1 Zwiebel
Salz und Pfeffer zum Abschmecken
1 Prise Kokosblütenzucker

FÜR DIE AUBERGINEN
2 Auberginen
200 g Rispentomaten
150 g grüne Oliven
2 Knoblauchzehen
½ Bund Petersilie
30 g Cashewkerne
½ Zitrone
1 Prise Pfeffer
10-14 Blätter Salbei

FÜR DEN VOLLKORNREIS
4 Blätter Salbei
180 g Vollkorn-Basmatireis

Variation

Statt Auberginen können auch Zucchini verwendet werden. Dadurch verringert sich die Garzeit um ca. 10 Minuten.

NF GF

Stuffed TOMATOES

ca. 35 Minuten — für ca. 2 Portionen:

ZUTATEN

2 Knoblauchzehen
150 g Schnellkochhirse
350 ml Gemüsebrühe
½ TL Chiliflocken
60 g getrocknete Tomaten
80 g Oliven
2 EL Pinienkerne
4 Zweige Oregano
4 Fleischtomaten
4 EL Buchweizen-Crunch pikant
(Basic-Rezept, siehe S. 214)
Salz und Pfeffer zum Abschmecken

ZUBEREITUNG

1. Knoblauch abziehen und fein hacken. Hirse mit Gemüsebrühe, Knoblauch und Chiliflocken im Topf aufkochen und 10-15 Minuten köcheln lassen, dabei gelegentlich umrühren. Bei Bedarf noch etwas Wasser hinzugeben.

2. In der Zwischenzeit getrocknete Tomaten und Oliven klein schneiden. Pinienkerne in einer Pfanne ohne Fett goldgelb anrösten. Oregano abzupfen und grob hacken. Fleischtomaten waschen, den Deckel abschneiden und mit einem Küchenmesser oder einem Löffel vorsichtig aushöhlen.

3. Wenn die Hirse gar ist, die getrockneten Tomaten, Oliven, Pinienkerne, Oregano und den Buchweizen-Crunch unterrühren, mit Salz und Pfeffer abschmecken. Die Hirse in die ausgehöhlten Tomaten füllen und bei 200 Grad Ober-/Unterhitze ca. 20 Minuten garen.

SÜSSKARTOFFEL-ERBSEN-CHAMPIGNONS
mit Tomaten-Wildreis

🕐 ca. 50 Minuten 🍲 für 2 Portionen:

ZUBEREITUNG

1. Champignons mit einem feuchten Küchentuch von Schmutz befreien, Stiele entfernen und mit der Öffnung nach oben in eine Auflaufform setzen. Getrocknete Tomaten grob zerkleinern. Knoblauchzehe schälen und klein hacken.

2. Olivenöl in einer Pfanne erhitzen, Knoblauch und Süßkartoffelwürfel hinzugeben und ca. 8 Minuten unter Rühren andünsten. Erbsen, getrocknete Tomaten und grob gehackte Oreganoblättchen unterrühren und ca. 2 Minuten weiterdünsten. Mit Salz und Pfeffer würzen.

3. Anschließend die Gemüsemischung in die vorbereiteten Champignons füllen. Mandelmus mit Hefeflocken und Zitronensaft verrühren, bis eine glatte, dickflüssige Creme entsteht. Diese über die Pilze geben. Im vorgeheizten Ofen bei 200 Grad Ober-/Unterhitze 25-30 Minuten backen.

4. 15 Minuten vor Garzeitende der Pilze die Wildreis-Basmati-Mischung in der doppelten Menge leicht gesalzenem Wasser ca. 10 Minuten garen, dann Tomatenmark unterrühren, klein geschnittene Datteltomaten unterheben und mit frisch gemahlenem Pfeffer abschmecken. Tomatenreis zu den gefüllten Champignons servieren.

ZUTATEN

FÜR DIE PILZE
4-6 große Champignons
150 g Süßkartoffeln (geschält und fein gewürfelt)
35 g getrocknete Tomaten
1 Knoblauchzehe
2 EL Olivenöl
60 g Erbsen (tiefgekühlt)
4 Zweige Oregano
Salz und Pfeffer zum Würzen
4 TL weißes Mandelmus
2 EL Hefeflocken
½ Zitrone

FÜR DEN TOMATEN-WILDREIS
200 g Wildreis-Basmati-Mischung
2 EL Tomatenmark
100 g Datteltomaten
1 Prise Pfeffer

NF GF

ZOODLES
mit Asia-Kürbiscreme

ca. 25 Minuten — für ca. 2 Portionen:

ZUTATEN

FÜR DIE KÜRBISCREME

600 g Hokkaidokürbis
2 Stängel Zitronengras
4 Knoblauchzehen
2 EL Kokosöl
300 ml Gemüsebrühe
40 g Cashewkerne
1 Limette
½ TL Chiliflocken
Salz und Pfeffer zum Abschmecken

FÜR DIE ZOODLES

4 mittelgroße Zucchini
10 Zweige Koriander

ZUBEREITUNG

1. Hokkaidokürbis entkernen und in grobe Stücke schneiden. Harte Schicht vom Zitronengras entfernen, und grob zerkleinern. Knoblauchzehen abziehen und grob hacken. Kokosöl in einem Topf erhitzen, Knoblauch, Zitronengras und Hokkaidokürbis dazugeben, kurz andünsten, mit Gemüsebrühe ablöschen und bei geschlossenem Deckel je nach Größe der Kürbisstücke 10-15 Minuten garen.

2. In der Zwischenzeit aus den Zucchini mithilfe eines Spiralscheiders Zoodles (Zucchininudeln) herstellen, Korianderblättchen abzupfen, grob hacken, untermengen und die Nudeln auf zwei tiefe Teller verteilen.

3. Den weichen Kürbis mit eventuell verbleibender Kochflüssigkeit, Cashewkernen, Limettensaft und Chiliflocken im Hochleistungsmixer sämig pürieren, dabei gegebenenfalls etwas heißes Wasser hinzugeben, bis eine dickflüssige Soße entsteht. Kürbissoße mit Salz und Pfeffer abschmecken und über den Zoodles verteilen. Mit einigen Chiliflocken und Korianderblättchen garniert servieren.

Tipp
Wer rohe Zucchini nicht mag oder nicht verträgt, kann die Zoodles kurz in einer Pfanne in wenig Öl schwenken und etwas garen.

Hinweis: Wer keinen Spiralschneider hat, kann das Gemüse mithilfe eines Gemüsehobels in längere Raspel hobeln oder mit einem Sparschäler zu Bandnudeln verarbeiten.

RAW **GF** **NF**

KOHLRABI SPAGHETTI
mit Tomatenallerlei

⏱ ca. 20 Minuten 🍴 für ca. 2 Portionen:

ZUBEREITUNG

1. Die getrockneten Tomaten für ca. 15 Minuten in etwas lauwarmem Wasser einweichen.

2. Fleischtomaten waschen und grob zerkleinern. Basilikum abzupfen, Knoblauchzehe abziehen. Getrocknete Tomaten mit Einweichwasser, Fleischtomaten, Stangensellerie waschen und grob zerkleinern. Knoblauchzehe und Mandelmus fein pürieren, nach Bedarf ein wenig Wasser hinzugeben, bis eine cremige Soße entsteht. Mit Salz und frisch gemahlenem Pfeffer abschmecken.

3. Die Kohlrabi schälen, mithilfe eines Spiralschneiders zu Kohlrabispaghetti verarbeiten und auf zwei Teller verteilen. Die Tomatensoße darüber geben. Die bunten Tomaten waschen, je nach Größe halbieren oder vierteln und auf die Teller verteilen.

4. Cashewkerne und Hefeflocken im Mixer zu Parmesan zermahlen. Die rohköstlichen Nudeln mit Cashewparmesan und Basilikum garnieren und servieren.

ZUTATEN

40 g rohköstliche getrocknete Tomaten
300 g Fleischtomaten
2 Stängel Basilikum
1 Knoblauchzehe
50 g Stangensellerie
1 EL weißes Mandelmus
Salz und Pfeffer zum Abschmecken
2 Kohlrabi
200 g bunte Tomaten (grün, gelb, orange)
1 EL Cashewkerne
½ EL Hefeflocken

HAUPTGERICHTE

Tipp : Die rohköstlichen Nudeln sind superschnell gemacht und gerade im Sommer eine erfrischende Mahlzeit. Wer keinen Sellerie mag, kann stattdessen geschälte Zucchini verwenden.

KARTOFFEL-STAMPF
»sweet 'n' yummy«

ca. 30 Minuten — für ca. 2 Portionen

ZUTATEN

800 g Süßkartoffeln
1 cm Ingwer
1 Schalotte
1 Stange Lauch
100 g Cocktailtomaten
20 g Mandeln
1 EL Olivenöl
1 Apfel
Salz und Pfeffer zum Abschmecken
2 EL Mandelmus

ZUBEREITUNG

1. Süßkartoffeln schälen und in ca. 1,5 cm große Würfel schneiden. In leicht gesalzenem Wasser ca. 15 Minuten weich garen.

2. Zwischenzeitlich Ingwer schälen und fein hacken. Schalotte abziehen und fein würfeln. Lauch waschen und in Ringe schneiden. Tomaten waschen und halbieren, Mandeln grob hacken.

3. Olivenöl in einer Pfanne erhitzen, Schalottenwürfel hinzugeben und glasig dünsten. Lauchringe und Ingwer hinzufügen und ca. 10 Minuten garen, evtl. etwas Wasser dazugeben. Apfel waschen, grob würfeln, mit den Tomatenhälften zum Lauchgemüse geben und mit Salz und Pfeffer abschmecken. Kurz ziehen lassen.

4. Süßkartoffeln abgießen, verbleibendes Kochwasser dabei auffangen. Mandelmus mit 100 ml Kochwasser verrühren, mit Süßkartoffeln in den Topf geben und grob stampfen. Abschmecken und mit dem Lauchgemüse auf zwei Teller verteilen. Die gehackten Mandeln darüberstreuen und servieren.

Kartoffel-PILZ-AUFLAUF

⏱ ca. 55 Minuten 🍲 für ca. 2 Portionen:

ZUBEREITUNG

1. Pilze putzen, je nach Größe zerkleinern. Knoblauchzehen abziehen und fein hacken. Frühlingszwiebeln putzen und in Ringe schneiden. Rosmarinnadeln abziehen und fein hacken.

2. Eine Pfanne erhitzen, Olivenöl, Pilze, Knoblauch und Rosmarin zugeben und andünsten. Etwa 5 Minuten dünsten, dann die Gemüsebrühe dazugeben und Nussmus unterrühren. Kurz aufkochen, von der Herdplatte nehmen, Frühlingszwiebeln unterrühren und kräftig mit Muskatnuss, Salz und Pfeffer abschmecken.

3. Kartoffeln schälen und mit einem Spiralschneider zu Spaghetti verarbeiten. In eine Auflaufform geben und mit der Pilzsoße übergießen. Im vorgeheizten Ofen bei 180 Grad Ober-/Unterhitze ca. 35 Minuten backen. 10 Minuten vor Ende der Garzeit Sonnenblumenkerne über den Kartoffel-Pilzauflauf streuen.

ZUTATEN

250 g Austernpilze
300 g Champignons
2 Knoblauchzehen
4 Frühlingszwiebeln
2 Zweige Rosmarin
2 EL Olivenöl
300 ml Gemüsebrühe
2 EL helles Nussmus (Mandel- oder Cashewmus)
¼ TL frisch geriebene Muskatnuss
Salz und Pfeffer zum Abschmecken
600 g Kartoffeln
2 EL Sonnenblumenkerne

Tipps
Zum deftigen Auflauf passt ein frischer grüner Blattsalat oder ein Gurkensalat perfekt. Wer keinen Spiralschneider hat, kann die Kartoffeln mit einem Gemüsehobel in Stifte hobeln.

MOHN-RAVIOLI
mit Linsenfüllung

 ca. 70 Minuten plus Ruhezeit ca. 30 Minuten für ca. 2 Portionen

ZUTATEN

FÜR DEN RAVIOLITEIG
280 g Hartweizengrieß
20 g Mohn

FÜR DAS GEMÜSE
500 g grüne Bohnen
300 g Cocktailtomaten
2 Knoblauchzehen
1 EL Olivenöl
1 TL Apfelsüße
1 Prise Salz
1 Prise schwarzer Pfeffer
2 Zweige Rosmarin

FÜR DIE FÜLLUNG
1 Knoblauchzehe
2 Zweige Dill
120 g rote Linsen
½ TL Chiliflocken
½ Bio-Zitrone
1 EL Hefeflocken
1 TL Rote-Bete-Pulver
2 TL Apfelsüße
Salz und Pfeffer zum Abschmecken

ZUBEREITUNG

1. Grieß und Mohn mit 150 ml Wasser vermengen und zu einem glatten, nicht mehr klebenden Teig kneten. In Folie gewickelt im Kühlschrank mindestens 30 Minuten ruhen lassen.

2. Bohnen waschen und von den Stielenden befreien. In sprudelndem Salzwasser ca. 15 Minuten kochen, dann abgießen und in eine Auflaufform geben. Tomaten waschen und auf die Bohnen legen. Knoblauchzehen mit einem Messer flach drücken, mit Olivenöl, Apfelsüße, Salz, Pfeffer und Rosmarinnadeln vermengen, über das Gemüse träufeln und beiseitestellen.

3. Für die Füllung Knoblauchzehe abziehen und fein würfeln. Dill abzupfen. Knoblauch, Linsen und 300 ml Wasser im Topf aufkochen und 10-12 Minuten köcheln, bis die Linsen gar sind. Anschließend Dill, Chiliflocken, Abrieb und Saft der Zitrone hinzugeben und pürieren. Hefeflocken, Rote-Bete-Pulver und Apfelsüße unterrühren, mit Salz und Pfeffer abschmecken.

4. Teig in vier Teile teilen und portionsweise mit einem Nudelholz oder einer Nudelmaschine sehr dünn ausrollen. Teig auf ein Raviolibrett legen, je einen halben Teelöffel der Füllung in die Vertiefung geben, mit einer weiteren Teiglage bedecken, festdrücken und aus der Form lösen. Alternativ die Teigbahnen mit einem Teigroller zuschneiden.

5. Das vorbereitete Gemüse im Ofen bei 180 Grad Ober-/Unterhitze ca. 20 Minuten garen. Reichlich Salzwasser in einem großen Topf aufkochen, die Ravioli hineingeben und bei geringer Hitzezufuhr köcheln, bis die Ravioli an der Oberfläche schwimmen. Dann aus dem Wasser nehmen, abtropfen lassen und mit dem Ofengemüse servieren.

GRÜNTEE-SOBA
mit Tomaten-Pestosoße

ca. 25 Minuten   für ca. 2 Portionen

ZUBEREITUNG

1. Pinienkerne in einer beschichteten Pfanne ohne Zugabe von Fett goldgelb rösten.

2. Brokkoli waschen und in Röschen teilen. Im Dämpfeinsatz (alternativ in wenig Salzwasser) ca. 7 Minuten bissfest garen. Sobanudeln mit Grüntee separat in leicht gesalzenem Wasser ca. 6 Minuten garen.

3. Währenddessen die getrocknete Tomaten, 2 EL gerösteten Pinienkerne, Salz, Chiliflocken und ca. 100 ml Wasser fein pürieren. Soße in einen Topf geben, Cocktailtomaten halbieren und dazugeben, aufkochen und ca. 2 Minuten auf kleinster Stufe köcheln lassen. Mit Salz und Pfeffer abschmecken. Basilikum grob hacken und unterrühren.

4. Grünteenudeln abgießen und auf Teller verteilen. Tomatensoße dazugeben und mit Brokkoliröschen und den restlichen Pinienkernen garniert servieren.

ZUTATEN

FÜR DIE SOSSE
3 EL Pinienkerne
35 g getrocknete Tomaten in Öl
1 Prise Salz
½ TL Chiliflocken
300 g Cocktailtomaten
Salz und Pfeffer zum Abschmecken
½ Bund Basilikum

FÜR DAS GEMÜSE UND DIE SOBA
1 Brokkoli
200 g Sobanudeln mit Grüntee

HAUPTGERICHTE

PINKE PASTA
mit Kräutercreme

ca. 20 Minuten · für ca. 2 Portionen

ZUTATEN

FÜR DIE PINKE PASTA
300 ml Rote-Bete-Saft
250 g Kamutspaghetti

FÜR DIE KRÄUTERCREME
140 g Bio-Karottengrün
5 Zweige Basilikum
50 g gesalzene Macadamianüsse
6-8 EL ungesüßter Haferdrink
2 EL Hefeflocken
1 Knoblauchzehe
1 TL frischer Zitronensaft
Salz und Pfeffer zum Abschmecken

ZUBEREITUNG

1. Für die Pasta ca. 2 Liter leicht gesalzenes Wasser mit Rote-Bete-Saft aufkochen, Kamutspaghetti hinzufügen und ca. 8 Minuten kochen.

2. In der Zwischenzeit Karottengrün putzen, waschen und trocken schütteln. Mit Basilikum, Macadamianüssen, Haferdrink, Hefeflocken, abgezogener Knoblauchzehe und frischem Zitronensaft fein pürieren, mit Salz und Pfeffer abschmecken.

3. Wenn die Nudeln gar sind, diese abseihen, auf zwei Teller verteilen, Kräutercreme darüber geben und mit einigen Macadamianüssen garniert servieren.

Variation
Statt Karottengrün können andere Kräuter verwendet werden, z. B. Petersilie oder Bärlauch.

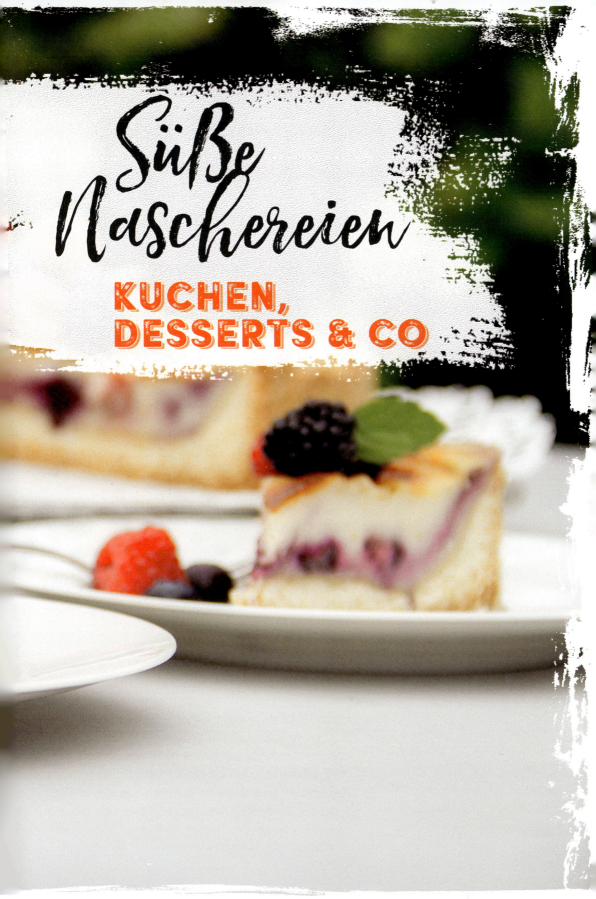

POWER*balls*

je ca. 15 Minuten — für je ca. 16 Kugeln

Mandel-Duo mit Zimt

ZUTATEN

220 g Deglet Nour-Datteln, entsteint
30 g Mandeln
30 g gemahlene Erdmandeln
1 TL Ceylonzimt
1 EL Zimt, Kakao, Matcha oder Kokosraspel zum Wälzen

ZUBEREITUNG

1. Datteln grob hacken und mit Mandeln, gemahlenen Erdmandeln und Zimt im Multizerkleinerer so lange mixen, bis keine Stückchen mehr vorhanden sind.

2. Je einen Teelöffel der Masse abnehmen und mit den Händen zu gleichmäßigen Kugeln formen. Nach Belieben in Zimt, Kakao, Matcha oder Kokosraspel wälzen.

Cranberry-Kürbiskern

ZUTATEN

120 g Deglet Nour-Datteln, entsteint
1 TL Vanille
100 getrocknete Cranberrys
80 g Kürbiskerne

ZUBEREITUNG

1. Datteln grob hacken und mit Vanille im Multizerkleinerer mixen. Anschließend Cranberrys und Kürbiskerne hinzugeben, noch einmal kurz mixen, sodass die Kürbiskerne und Cranberrys noch leicht stückig sind.

2. Je einen Teelöffel der Masse abnehmen und mit den Händen zu gleichmäßigen Kugeln formen.

Variationen

Statt Cranberrys und Kürbiskernen können sämtliche anderen Trockenfrüchte und Nüsse wie Berberitzen oder Gojibeeren und Cashewkerne oder Hanfsamen verwendet werden. Nach Belieben kann zusätzlich 1 TL Superfoodpulver, wie Matcha, Maca oder Lucuma verwendet werden.

SÜSSE NASCHEREIEN

Hinweise: Je nach Feuchtigkeit der Datteln kann es vorkommen, dass die Masse noch zu bröckelig ist. Dann einige Datteln zusätzlich pürieren und dazugeben oder einen Esslöffel Kokosöl unterrühren.

Die Powerkugeln können luftdicht verschlossen mehrere Wochen aufbewahrt werden.

GF NF

⏱ ca. 25 Minuten plus Kühlzeit 1 Stunde 🍴 für ca. 15 Pralinen

ZUBEREITUNG

❶ 60 g Zartbitterschokolade klein hacken und über einem Wasserbad schmelzen. In eine Silikon-Pralinenform geben und rütteln, sodass alle Seiten der Form mit Schokolade ausgekleidet sind. Im Kühlschrank kurz ankühlen lassen, dann die überschüssige Schokolade durch Umdrehen der Form heraustropfen lassen. Die heraustropfende Schokolade auf Butterbrotpapier auffangen und anderweitig verwenden. Die Pralinenhüllen kühl stellen und erstarren lassen.

❷ Mango mit Apfelsüße, Vanille und Kokosmus pürieren, die Masse in die ausgekühlten Pralinenhüllen geben. Anschließend die restlichen 40 g Schokolade wie oben beschrieben schmelzen und auf die Mango-Kokosmasse streichen. Im Kühlschrank fest werden lassen, dann aus der Form drücken und genießen.

ZUTATEN

100 g Zartbitterschokolade mit Kokosblütenzucker
50 g Mango (geschält und gewürfelt)
1 TL Apfelsüße
1 Prise gemahlene Vanille
25 g Kokosmus

SÜSSE NASCHEREIEN

Tipp
Die Pieces of Delight schmecken auch gefroren sehr lecker und sind eine knackige Erfrischung im Sommer. Für mehr Variation können sie auch mit Himbeeren zubereitet werden.

ERDBEER-INGWEREIS
mit Schokosoße

ca. 10 Minuten plus Gefrierzeit mind. 6 Stunden
für ca. 2-3 Portionen

ZUTATEN

FÜR DAS EIS
600 Erdbeeren
15 g frischer Ingwer (geschält gewogen)
2 EL Ahornsirup
50 ml Wasser
50 g Cashewmus
1 Prise gemahlene Vanille
1 EL Kakaonibs

FÜR DIE SCHOKOSOßE
1 TL Ahornsirup
1 TL Kakao

ZUBEREITUNG

1. Erdbeeren waschen, vom Grün befreien und mind. 6 Stunden, besser über Nacht, in der Tiefkühltruhe gefrieren lassen (alternativ können tiefgekühlte Erdbeeren verwendet werden).

2. Für die Schokosoße 1 EL Wasser, Ahornsirup und Kakao verrühren, bis keine Klümpchen mehr vorhanden sind.

3. Ingwer schälen, grob zerkleinern und mit Ahornsirup (2 EL) und Wasser fein pürieren. Anschließend das Ingwerwasser mit den tiefgekühlten Erdbeeren, Cashewmus und Vanille im Hochleistungsmixer fein pürieren, auf zwei Schalen verteilen und mit der Schokosoße und Kakaonibs garniert servieren.

Für Geduldige: Wer das Eis fester mag, kann die Masse nach dem Mixen in ein flaches Gefäß geben und etwa eine Stunde gefrieren lassen.

Tipps
Wer keinen Hochleistungsmixer hat, kann die Erdbeeren vorher 10-15 Minuten antauen lassen und dann erst pürieren. Cremiger wird das Eis, wenn beim Pürieren ca. 100 g veganer Joghurt zugegeben werden. Schokoladiger wird es, wenn nach dem Pürieren Kakaonibs untergerührt werden.

Green-Smoothie-ICECREAM

GF NF

⏱ ca. 10 Minuten plus Gefrierzeit über Nacht 🍳 für ca. 2-3 Portionen

ZUBEREITUNG

1. Bananen schälen, Mangofruchtfleisch vom Stein und aus der Schale lösen. Beides grob zerkleinern und über Nacht gefrieren lassen.

2. Am nächsten Tag Datteln gegebenenfalls vom Kern lösen und grob zerkleinern. Spinat und Petersilie waschen. Kokosmilch mit Datteln, grob zerkleinerter Zucchini, Spinat, Petersilie und Mark der Vanilleschote im Hochleistungsmixer fein pürieren.

3. Die gefrorenen Früchte zur grünen Kokosmilch in den Mixer geben und zu einer homogenen Masse mixen. Diese in ein flaches Gefäß geben, ca. eine Stunde gefrieren lassen, dabei zwischendurch zweimal rühren, dann zu Kugeln formen und servieren.

Topping-Variationen

Wer möchte, kann das Eis mit gehackten Nüssen, frischen oder getrockneten Früchten, Kakaonibs und mehr bestreuen. Besonders lecker schmeckt Maracuja zum Eis.

ZUTATEN

3 Bananen
1 Mango
4 Medjool Datteln
50 g Spinat
2 Zweige Petersilie
200 g Kokosmilch
50 g Zucchini
1 Vanilleschote

SÜSSE NASCHEREIEN

Tipp
Statt Koksmilch kann auch veganer Joghurt verwendet werden.

MINT Passion

ca. 15 Minuten • für ca. 2 Portionen

ZUTATEN

1 Avocado
1 Vanilleschote
2 EL Apfelsüße
100 g Reisjoghurt
2 Zweige Pfefferminze
2 TL Zitronensaft
200 g Johannisbeeren

ZUBEREITUNG

1. Avocado halbieren, vom Stein befreien und Fruchtfleisch aus der Schale lösen. Vanilleschote längs einritzen, das Mark ausschaben. Mit Apfelsüße, Avocado, Reisjoghurt, Pfefferminzblättchen und Zitronensaft fein pürieren.

2. Johannisbeeren von den Rispen lösen. Minzcreme und Johannisbeeren abwechselnd in Gläser schichten. Mit Minzblättchen und Johannisbeerrispen garnieren.

Variante

Für eine Schoko-Avocado-Creme 2 TL Kakaonibs unter die fertig pürierte Avocado-Joghurt-Creme rühren. Ansonsten wie beschrieben verfahren.

Melonen-SCHAUM

 ca. 25 Minuten · für 2-3 Portionen

ZUBEREITUNG

1. 250 g Melone mit Wasser, Reissüße und Vanille pürieren, im Topf aufkochen und den Grieß unter Rühren einrieseln lassen. Etwa 2 Minuten köcheln lassen, dann vom Herd nehmen und ca. 10 Minuten ruhen lassen. Den Topf in Eiswasser (kaltes Wasser mit Eiswürfeln) tauchen, den Melonengrieß darin ca. 5-7 Minuten mit dem Handrührgerät schaumig schlagen, dann auf zwei oder drei Gläser verteilen und kalt stellen.

2. Obst vorbereiten, mit frisch gepresstem Zitronensaft vermengen, auf dem Melonenschaum anrichten und servieren.

ZUTATEN

400 g orangefleischige Melone (geschält und gewürfelt)
70 ml Wasser
2-3 El Reissüße
½ TL gemahlene Vanille
30 g Dinkelgrieß
100 g Obst nach Wahl (z. B. Johannisbeeren, Physalis)
1 TL Zitronensaft

SÜSSE NASCHEREIEN

NF **GF**

BANANA *Heaven*

⏱ ca. 10 Minuten 🍲 für ca. 2 Portionen

ZUTATEN

3 reife Bananen
1 TL Kakao
1 EL Kokosöl
1 EL Mandelblättchen
1 EL Rosinen

ZUBEREITUNG

❶ Bananen schälen. Eine Banane mit Kakao und 2-3 EL Wasser zu einer Soße pürieren.

❷ Die restlichen 2 Bananen längs halbieren. Kokosöl in einer Pfanne erhitzen und die Bananenhälften mit den Schnittflächen nach unten hineinlegen. Nach fünf Minuten Bratzeit vorsichtig einmal wenden. Nun die Mandelblättchen und Rosinen dazugeben und mit rösten.

❸ Die Schokobananensoße auf zwei Teller verteilen, die gebratenen Bananen darauf geben und mit den Mandelblättchen und Rosinen garnieren.

Tipp
Dazu passt Vanilleeis sehr gut.

SÜSSE NASCHEREIEN

KOMBUCHIA

⏱ ca. 30 Minuten 👨‍🍳 für ca. 2 Portionen

ZUBEREITUNG

① Reisjoghurt mit Cashewkernen, Kombucha, Vanille und 2 TL Apfelsüße pürieren, anschließend mit Chiasamen vermengen und ca. 15 Minuten quellen lassen, dabei gelegentlich umrühren.

② Erdbeeren vorsichtig waschen, vom Stilansatz befreien, mit Minze und 1 TL Apfelsüße fein pürieren.

③ Nachdem die Chiasamen gequollen sind, Amarant auf zwei Gläser verteilen, anschließend das Erdbeerpüree und die Chiacreme darüber geben. Mit Minze garniert servieren.

ZUTATEN

- 100 g Reisjoghurt
- 30 g Cashewkerne
- 200 ml Kombucha
- ½ TL gemahlene Vanille
- 3 TL Apfelsüße
- 45 g Chiasamen
- 200 g Erdbeeren
- 8-10 Blätter Minze
- 4 EL gepuffter Amarant

SÜẞE NASCHEREIEN

SCHOKO *traum*

⏱ ca. 10 Minuten plus Einweichzeit über Nacht 🍲 für ca. 2 Portionen

ZUTATEN

- 120 g Buchweizen
- 4-6 Medjool Datteln
- 2 Orangen
- 1 Prise Salz
- 20 g + 4 Stück enthäutete Kakaobohnen
- 3 TL Rohkost-Kakao, schwach entölt
- 2 Nektarinen
- 2 TL Apfelsüße
- 50 g Heidelbeeren

ZUBEREITUNG

❶ Buchweizen in ein Sieb geben, mit kaltem Wasser spülen, in eine große Schüssel geben und mit reichlich Wasser bedeckt über Nacht einweichen lassen.

❷ Am nächsten Tag den eingeweichten Buchweizen erneut mit reichlich kaltem Wasser spülen, dann abtropfen lassen. Buchweizen mit entsteinten Datteln, Saft der Orangen, Salz, 20 g Kakaobohnen und Kakao zu einer feinen Creme pürieren. Bei Bedarf noch etwas Wasser hinzufügen. Knapp zwei Drittel der Schokocreme auf zwei Gläser verteilen.

❸ Nektarinen (bei Bedarf mit Apfelsüße) pürieren und über die Schokocreme schichten. Darauf die restliche Schokocreme schichten und mit Heidelbeeren und je 2 Kakaobohnen garnieren.

Hinweis: Gekeimt enthält der Buchweizen noch deutlich mehr Vitalstoffe. Hierfür den eingeweichten Buchweizen spülen, flach auf Teller geben und ein bis zwei Tage keimen lassen, dabei gelegentlich leicht befeuchten. Anschließend wie im Rezept beschrieben fortfahren, aber etwas mehr Flüssigkeit hinzufügen.

SÜSSE NASCHEREIEN

Tipps
Gut gekühlt schmeckt der Schokotraum besonders erfrischend. Himbeeren, Erdbeeren und Johannisbeeren harmonieren ebenso mit dem Schokotraum.
Für ein winterliches Dessert kann die Creme mit Zimt verfeinert und mit Granatapfelkernen und Orangenfilets serviert werden.

BIRNEN-
Türmchen

⏱ ca. 20 Minuten plus Einweichzeit 20 Minuten 🍲 für ca. 2 Portionen

ZUBEREITUNG

❶ Rosinen im Saft der Zitrone ca. 20 Minuten einweichen.

❷ Gemahlene Mandeln mit Dinkeldrink, Dattelsüße, Vanille, Zimt, Mandelstiften und eingeweichten Rosinen vermengen. Die Creme sollte dicklich und nahezu streichfähig sein, ansonsten noch etwas mehr gemahlene Mandeln hinzufügen.

❸ Birnen waschen und mit einem Apfelausstecher das Kerngehäuse ausstechen. Dann in gleichmäßige dicke Scheiben schneiden. Birnenscheiben und Nussmischung abwechselnd aufeinanderschichten, zu einem Türmchen zusammenbauen und genießen.

ZUTATEN

2 EL Rosinen
1 Zitrone
8 EL gemahlene Mandeln
50 ml Dinkeldrink
1 EL Dattelsüße
½ TL gemahlene Vanille
½ TL Ceylonzimt
2 EL Mandelstifte
2 kleine Birnen (z. B. Williams Christ, nicht zu weich)

Hinweis: Wer möchte, kann veganes Vanilleeis zum Birnentürmchen servieren.

SÜSSE NASCHEREIEN

Kürbis-CANTUCCINI

⏱ ca. 25 Minuten plus Backzeit ca. 45 Minuten 🍽 für ca. 25 Stück

ZUTATEN

120 g Hokkaidokürbis (grob gewürfelt)
½ Orange
70 g Reissüße
40 g flüssiges Kokosöl
220 g Dinkelmehl Type 630
50 g Birkenzucker
1 EL Guarkernmehl
2 TL Weinstein-Backpulver
1 TL Ceylonzimt
1 Prise Salz
70 g Mandeln

ZUBEREITUNG

① Hokkaidokürbis in wenig Wasser ca. 8 Minuten weich garen, dann abgießen, kurz ausdampfen lassen und mit dem Saft der Orange (ca. 40 ml), Reissüße und flüssigem Kokosöl pürieren.

② In einer Schüssel Dinkelmehl mit Birkenzucker, Guarkernmehl, Weinstein-Backpulver, Zimt und Salz vermengen. Die Kürbismasse und die Mandeln hinzugeben, zu einem glatten, festen Teig kneten. Anschließend Teig halbieren, jeweils länglich formen, leicht flach drücken und auf ein mit Backpapier ausgelegtes Blech setzen. Im vorgeheizten Ofen bei 180 Grad Ober-/Unterhitze ca. 30 Minuten backen.

③ Anschließend aus dem Ofen holen, etwas abkühlen lassen, dann in ca. 1 cm breite Stücke schneiden und ca. 15 Minuten ruhen lassen. Danach die Cantuccini flach auf das Backblech setzen, 5-8 Minuten bei 180 Grad backen, einmal wenden, erneut 5-8 Minuten backen, bis die Cantuccini goldbraun und knusprig sind.

Hinweis: In den letzten Minuten bitte unbedingt häufig den Bräunungsgrad kontrollieren, da die Cantuccini schnell zu dunkel werden können.

SÜSSE NASCHEREIEN

Ginger-COOKIES

ca. 15 Minuten plus Backzeit 12–18 Minuten 🍳 für 20–25 Stück

ZUBEREITUNG

1. Maulbeeren in etwas Wasser ca. 5 Minuten einweichen. Ingwer schälen und fein hacken. Dinkelvollkornmehl, Süßlupinenmehl, Guarkernmehl, Vanille, Weinstein-Backpulver, Natron und Salz vermengen. Ahornsirup, flüssiges Kokosöl, Pflanzendrink, gehackten Ingwer und Schalenabrieb der Zitrone zugeben und glatt rühren. Anschließend die Getreideflocken unterheben.

2. Teig mit den Händen zu Kugeln formen, dann flach drücken und mit etwas Abstand auf ein mit Backpapier ausgelegtes Blech setzen. Die eingeweichten Maulbeeren auf den Cookies verteilen, leicht eindrücken und im vorgeheizten Backofen je nach Dicke bei 180 Grad 12–18 Minuten backen, bis die Cookies leicht gebräunt sind. Aus dem Ofen nehmen, abkühlen lassen und luftdicht verschlossen aufbewahren.

ZUTATEN

3 EL Maulbeeren
30 g Ingwer (geschält gewogen)
100 g Dinkelvollkornmehl
2 EL Süßlupinenmehl
1 EL Guarkernmehl
½ TL gemahlene Vanille
2 TL Weinstein-Backpulver
½ TL Natron
1 Prise Salz
130 ml Ahornsirup
140 g flüssiges Kokosöl
70 ml Pflanzendrink
1 Bio-Zitrone
250 g kernige Getreideflocken

SÜSSE NASCHEREIEN

Flower POWER

 ca. 40 Minuten plus Gehzeit ca. 55 Minuten für ca. 12 Stück

ZUTATEN

FÜR DEN TEIG
150 ml Pflanzendrink (Reis, Hafer, Dinkel)
½ Würfel Hefe
1 EL Apfelsüße
80 g Erythrit
150 g Dinkelmehl Type 630
150 g Dinkelvollkornmehl
1 Prise Salz
30 ml Rapsöl

FÜR DIE FÜLLUNG
200 g Zwetschgen
1–2 EL Kokosblütenzucker (je nach Süße der Zwetschgen)
½ TL Ceylonzimt
2 EL Chiasamen

FÜR DEN GUSS
1,5 TL Kokosöl
1 TL Carob
1 TL Kakao
1 TL Apfelsüße

ZUBEREITUNG

1. Pflanzendrink lauwarm erwärmen, dann die Hefe hineinbröckeln, durch Rühren auflösen, Apfelsüße und Erythrit hinzugeben und kurz ruhen lassen. Die beiden Dinkelmehle mit dem Salz vermengen. Öl und die Hefemilch dazugeben, zu einem glatten Teig kneten und abgedeckt an einem warmen Ort ca. 40 Minuten gehen lassen.

2. Etwa 15 Minuten, bevor der Teig fertig gegangen ist, die Zwetschgen waschen, halbieren, entsteinen und mit Kokosblütenzucker und Zimt pürieren. Dann die Chiasamen unterrühren und ca. 10 Minuten quellen lassen.

3. Teig auf einer großzügig bemehlten Arbeitsfläche mit einer Teigrolle dünn ausrollen, mit einem Blümchenausstecher (ca. 9 cm Durchmesser) in kleine Teigstücke teilen, dabei zusätzlich in jede zweite Teigblume mittig ein Loch stechen. Den übrigen Teig zusammenkneten, wieder ausrollen und wie beschrieben weiterverarbeiten.

4. Auf die Teigblumen ohne Loch jeweils mittig einen gehäuften Teelöffel der Zwetschgenfüllung geben, eine Teigblume mit Loch darauf legen und die Ränder andrücken. Erneut ca. 10 Minuten gehen lassen. Anschließend im Ofen bei 170 Grad Umluft 18–25 Minuten backen.

5. Kokosöl vorsichtig schmelzen, dann Carob, Kakao und Apfelsüße verrühren, bis keine Klumpen mehr vorhanden sind. Mit einem Löffel über die ausgekühlten Blümchen träufeln, auskühlen lassen und servieren.

Black-Forest-
CUPCAKES

ca. 25 Minuten plus Backzeit ca. 25 Minuten · für ca. 12 Portionen

ZUBEREITUNG

1. Muffinblech mit Papierförmchen auslegen oder mit Fett auspinseln und mit Mehl bestäuben. Kirschen entsteinen und grob zerkleinern.

2. Beide Dinkelmehle, gemahlene Mandeln, Speisestärke, Weinstein-Backpulver, Natron, Birkenzucker, Kakao, Salz und Kakaonibs vermengen. Rapsöl, Mineralwasser und Apfelessig hinzugeben und möglichst kurz zu einem glatten Teig verrühren. Kirschen unterheben. Teig auf die Mulden der Muffinform verteilen und im vorgeheizten Backofen bei 200 Grad Ober-/Unterhitze 20-25 Minuten backen.

3. Für das Topping 100 g geschälte Mandeln im Mixer fein mahlen, dann mit Apfelsüße, Zitronensaft und flüssigem Kokosöl pürieren, bis eine glatte Creme entsteht. Die Mandelcreme auf die Cupcakes spritzen, mit Kakaobohnen oder Kakaonibs und den restlichen Mandelkernen garnieren und genießen.

ZUTATEN

FÜR DIE CUPCAKES

150 g Kirschen
100 g Dinkelvollkornmehl
80 g Dinkelmehl Type 630
40 g gemahlene Mandeln
2 EL Speisestärke
1 TL Weinstein-Backpulver
1 TL Natron
75 g Birkenzucker
2 EL Kakao
1 Prise Salz
2 EL Kakaonibs
40 ml Rapsöl
180 ml Mineralwasser mit
    Kohlensäure
1 EL Apfelessig

FÜR DAS TOPPING

100 g + 1 EL Mandeln ohne Haut
3 EL Apfelsüße
1 Zitrone
20 g Kokosöl
1 EL Kakaobohnen oder Kakaonibs

SÜßE NASCHEREIEN

Zitronenpudding-KUCHEN

⏱ ca. 30 Minuten plus Backzeit ca. 1 Stunde 🍲 für ca. 12 Portionen

ZUTATEN

FÜR DEN MÜRBETEIG
220 g Dinkelmehl Type 630
20 g Speisestärke
2 TL Weinstein-Backpulver
120 g Birkenzucker
1 Prise gemahlene Vanille
1 Prise Salz
100 g Kokosöl

FÜR DEN BELAG
1 Limette
2 Zitronen
850 ml Cashewdrink*
4 EL Apfelsüße
75 g Speisestärke
400 g Beeren oder Kaki

* gekauft oder aus 150 g eingeweichten Cashewkernen und 600 ml Wasser im Hochleistungsmixer selbst hergestellt

ZUBEREITUNG

❶ Dinkelmehl, Speisestärke, Weinstein-Backpulver, Birkenzucker, Vanille und Salz in eine große Schüssel geben und vermengen. Kokosöl schmelzen, zur Trockenmasse geben und zu einem krümeligen Teig verarbeiten. Bei Bedarf spritzerweise Wasser hinzugeben. Teig in eine beschichtete Springform drücken, am Rand hochziehen und im vorgeheizten Ofen bei 200 Grad Umluft ca. 10 Minuten vorbacken.

❷ In der Zwischenzeit die Schalen der Limette und beider Zitronen abreiben, den Saft der Limette und Zitronen auspressen. 650 ml Cashewdrink mit Apfelsüße in einem Topf aufkochen. Restlichen Cashewdrink mit Speisestärke glatt rühren, unter Rühren in den kochenden Cashewdrink geben, aufkochen lassen, dann den Herd ausschalten. Zitronen- und Limettensaft und Schalenabrieb bis auf wenige Zesten unterrühren. Die Hälfte der Puddingmasse auf den Kuchenboden geben, mit 200 g Beeren bestreuen, die zweite Hälfte Pudding darüber geben, glatt streichen, im Ofen ca. 40 Minuten bei 180 Grad Ober-/Unterhitze backen. Anschließend aus dem Ofen nehmen und mindestens 3 Stunden auskühlen lassen.

❸ Den Zitronenpudding-Kuchen vor dem Servieren mit den restlichen Beeren (200 g) oder einer in Scheiben geschnittenen Kaki garnieren und genießen. Bitte im Kühlschrank aufbewahren!

Hinweis: In manchen Rezepten können die Superfoods bei Bedarf auch weggelassen werden. Das Baobab in diesem Rezept muss jedoch dringend verwendet werden, da es für die Bindung und den Halt der Torte zuständig ist.

Fruitlove- ROHKOSTTORTE

RAW GF NF

ca. 30 Minuten plus Einweich-/Ruhezeit über Nacht + ca. 3 Stunden
für eine kleine Springform (18 cm)

ZUBEREITUNG

1. Buchweizen und Erdmandeln gründlich spülen und über Nacht einweichen. Cashewkerne getrennt in reichlich kaltem Wasser einweichen.

2. Am nächsten Tag Buchweizen und Erdmandeln gründlich spülen und fein pürieren. Anschließend Datteln, Maulbeeren und Kokosöl hinzugeben und erneut pürieren. Die Masse in eine kleine Springform geben und festdrücken.

3. Zitronenschale abreiben. Zitronensaft auspressen, mit Wasser auf 50 ml auffüllen. Die Datteln für die Creme mit Zitronenwasser zu einer Paste pürieren. Cashewkerne abgießen. 125 g Brombeeren mit Zitronenabrieb und der Hälfte der Dattelpaste pürieren. Anschließend die Hälfte der Cashewkerne, 2 EL Baobab, 1 EL Kokosmus und 3 EL flüssiges Kokosöl dazugeben, pürieren, auf den Tortenboden geben und glatt streichen. Einige Brombeeren auf der Masse verteilen. Torte im Kühlschrank ca. 1 Stunde ruhen lassen.

4. Aprikosen entsteinen, mit Vanille und der restlichen Dattelpaste pürieren. Die restlichen Cashewkerne, 2 EL Baobab, 1 EL Kokosmus und 3 EL flüssiges Kokosöl zugeben, pürieren, auf die gekühlte Brombeerschicht geben, glatt streichen und im Kühlschrank mindestens zwei Stunden kühlen und fest werden lassen.

5. Die Rohkosttorte vor dem Servieren mit Aprikosenspalten, Brombeeren und Minze garnieren und genießen.

ZUTATEN

FÜR DEN BODEN
60 g Buchweizen
40 g Erdmandeln
80 g Deglet Nour Datteln, entsteint
40 g Maulbeeren
1 EL Kokosöl

FÜR DIE CREME
300 g Cashewkerne
1 Bio-Zitrone
12 Deglet Nour Datteln, entsteint
200 g Brombeeren
4 EL Baobab
2 EL Kokosmus
6 EL flüssiges Kokosöl
160 g Aprikosen (ohne Stein)
   + 1 zum Garnieren
1 TL Gojibeeren
½ TL gemahlene Vanille
einige Blätter Minze zum Garnieren

SÜSSE NASCHEREIEN

Tipp
Besonders aromatisch schmeckt die Torte, wenn sie über Nacht durchgezogen ist.

Apfel-Streusel-Kuchen

🕐 ca. 30 Minuten plus Backzeit ca. 45 Minuten 🏠 für ca. 12 Portionen

ZUTATEN

FÜR DEN BODEN
150 g Dinkelmehl Type 630
50 g Buchweizenmehl
50 g gemahlene Mandeln
130 g Erythrit
1 TL Natron
1 TL Weinstein-Backpulver
100 g flüssiges Kokosöl
1 Prise Salz

FÜR DIE FÜLLUNG
1,3 kg Äpfel (säuerlich)
30 g Speisestärke
300 ml Dinkeldrink
1 EL Apfelsüße

FÜR DIE STREUSEL
80 g Dinkelmehl Type 630
60 g flüssiges Kokosöl
60 g Erythrit

ZUBEREITUNG

1. Dinkelmehl, Buchweizenmehl, gemahlene Mandeln, Erythrit, Natron, Weinstein-Backpulver, flüssiges Kokosöl und Salz in einer Schüssel vermengen und kneten. Dabei 1-2 EL Wasser hinzugeben, bis ein krümeliger, aber formbarer Teig entsteht. Etwa drei Viertel der Krümel in eine runde Backform geben, zu einem Boden festdrücken. Mit dem verbleibenden Teig einen Rand formen.

2. Für die Füllung Äpfel vierteln, Kerngehäuse entfernen, schälen, grob würfeln und auf dem Teigboden verteilen. Speisestärke mit einem Schneebesen mit dem Dinkeldrink und der Apfelsüße verrühren, bis keine Klumpen mehr vorhanden sind und über die Äpfel gießen.

3. Für die Streusel das Mehl mit Kokosöl und Erythrit verkneten, bei Bedarf noch etwas mehr Mehl hinzugeben. Die Streusel über dem Kuchen verteilen. Kuchen im vorgeheizten Backofen bei 200 Grad Ober-/Unterhitze ca. 45 Minuten backen, dann aus dem Ofen holen, auskühlen lassen und genießen.

Basics
DAMIT ES SCHNELLER GEHT

NF GF RAW

BUCHWEIZEN-CRUNCH
auf Vorrat

🕐 ca. 5 Minuten plus Einweich-/Keimzeit ca. 2 Tage 🍴 für ca. 250 g

BASICS

ZUTATEN

GRUNDREZEPT
250 g Buchweizen

VARIANTEN
PIKANT
1 TL scharfes Paprikagewürz
2 TL geräuchertes Paprikagewürz

ORIENTALISCH
1 TL Kreuzkümmel
1 TL Currypulver
1 TL Kurkuma

SÜSS
3 TL Ceylonzimt
1 TL gemahlene Vanille

ZUBEREITUNG

1 Buchweizen unter kaltem Wasser abspülen. In eine Schale geben, mit reichlich kaltem Wasser übergießen und über Nacht einweichen. Am nächsten Tag erneut gründlich spülen. Pur oder je nach gewünschter Variante mit den entsprechenden Gewürzen vermengen. Flach auf zwei Teller verteilen, keimen und mindestens zwei Tage trocknen lassen.

Hinweis: Die Buchweizen-Crunch-Variationen sind luftdicht verpackt und dunkel gelagert mehrere Wochen haltbar (hierfür darauf achten, dass der Buchweizen komplett getrocknet ist!) und können nach Belieben über Salate, Gemüsepfannen, Smoothies, Obstsalat, Müsli usw. gestreut werden.

FREE YOUR FOOD

Zutaten zu den Rezepten

* in Bio-Qualität

Best. Nr.	Artikel	Preis €
	Milchsorten & natürliche Süße	
17150	Dinkelmilch, 1000 ml *	1,99
20122	Dinkel-Mandel Milch, 1000 ml *	2,59
17149	Reismilch, 1000 ml *	1,99
20662	Cocos Milch, 200 ml *	1,79
17393	Kokoswasser, pur, 330 ml *	2,49
17386	Ahornsirup Grad A, 250 ml *	7,95
17431	Agavendicksaft, roh, 450 g	9,95
19184	Dattelsüße, 250 g *	3,19
19713	Kokosblütenzucker, 500 g *	8,95
20827	Xylit - Birkenzucker 500 g	7,95
	Gewürze	
16427	Garam Masala, 80 g *	6,99
16320	Kreuzkümmel, ganz, 25 g *	1,99
17394	Kurkuma, gemahlen, 40 g *	1,99
18203	Schwarzer Sesam, 125 g *	4,40
18725	Koriander, ganz, 60 g *	3,89
18728	Muskatnuss, ganz, 5 Stück	4,79
16696	Melasse Würz-Hefeflocken, 200 g *	3,99
18724	Zimt Ceylon, gemahlen, 25 g *	2,49
16613	Mesquite Pulver, 300 g *	11,95
18844	Vanille Schoten, gemahlen, 23 g *	5,99
	Muse	
17752	Cashewmus, 250 g *	6,99
19624	Mandelmus, 500 g *	15,90
20638	Mandelmus, weiß, 250 g *	9,90
20473	Kokosmus, 500 g *	14,90
	Trockenfrüchte, Nüsse & Öle	
16694	Physalis, 100 g *	4,49
07956	Maulbeeren, 100 g	3,70
08208	Cranberries, 100 g *	3,90
19463	Goji Beeren, 500 g *	16,90
19050	Cashewkerne, ganz, 400 g *	11,99
10072	Kokosöl, nativ, 250 ml *	5,95
17896	Olivenöl, nativ extra, 250 ml *	5,90

Best. Nr.	Artikel	Preis €
	Bohnen, Reis & Samen	
16038	Kakaobohnen, 300 g *	10,95
15960	Kakao Nibs, 300 g *	9,50
16036	Kakao Rohpaste, 300 g *	9,40
19489	Weiße Bohnen, 500 g *	3,79
19497	Schwarze Bohnen, 500 g *	2,29
18926	Mungbohnen, 40 g *	0,99
18734	Rote Linsen, 500 g *	2,99
19498	Buchweizen, 500 g *	2,79
19533	Hirse, 500 g *	1,49
15460	Chia-Samen, 400 g *	9,50
15542	Hanfsamen, geschält, 150 g *	4,20
16569	Weißer Quinoa, 200 g *	2,99
16570	Quinoa Tricolore, 200 g *	3,49
19416	Basmati Reis, braun, 1000 g *	6,49
	Mehle & Pulver	
19182	Leinsamenmehl, teilentölt, 500 g *	4,95
19429	Weißes Maismehl, 250 g	4,95
17427	Guarkernmehl, 125 g *	4,89
20800	Süßlupinenmehl, 175 g *	3,99
19462	Cocos Mehl, 400 g *	3,49
15562	Acai-Beeren Pulver, 125 g *	24,50
15541	Lucuma Pulver, 300 g *	15,50
16252	Baobab Pulver, 250 g *	17,90
18170	Maca Pulver, 300 g *	16,90
18032	Moringa Ganzblatt, 200 Tabletten	24,95
18202	Hanfprotein Pulver, 1000 g *	19,50
16907	Sunwarrior Protein Natur, 1000g	42,50
16909	Sunwarrior Protein Vanille, 1000 g	42,50
	Diverses	
16236	Kelp Nudeln, 340 g	7,95
19438	Seitan, 200 g *	4,29
13538	Gula Java Matcha, 400 g *	59,95
09735	Grüntee Pulver Matcha 50 g *	9,95

Unimedica • Blumenplatz 2 • D-79400 Kandern • Tel.: +49(0)7626-974970-0
info@unimedica.de • www.unimedica.de

Weitere Bücher über gesunde Ernährung

Joel Fuhrman
Eat to Live – Das Kochbuch

448 Seiten geb.,
Best. Nr. 17715 • **€ 34,–**

Über 200 nährstoffreiche Rezepte nach Dr. Fuhrmans bahnbrechendem Ernährungskonzept

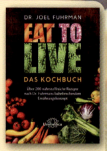

Gena Hamshaw
Choosing Raw

344 Seiten, geb.,
Best. Nr. 17808 • **€ 24,-**

Frische, farbenfrohe und unglaublich köstliche Rezepte aus der vollwertigen Pflanzenküche

Brendan Brazier
Vegan in Topform Das Energie-Kochbuch

320 Seiten, kart.
Best. Nr. 16753 • **€ 29,–**

150 pflanzliche Rezepte für optimale Leistung und Gesundheit

Matthew Kenney
Plant Food

168 Seiten, geb.,
Best. Nr. 16565 • **€ 19,80**

Innovative Rohkostgerichte von einem der besten Küchenchefs der Welt

Douglas N. Graham
Die 80/10/10 High-Carb-Diät

440 Seiten, geb.,
Best. Nr. 16988 • **€ 24,–**

Die revolutionäre Formel für natürliche Ernährung – rohvegan und fettarm

Rich Roll & Julie Piatt
Das Plantpower Kochbuch

336 Seiten, geb.
Best. Nr. 18961 •
€ 34,–

Rezepte und Tipps zur veganen Lebensweise für die ganze Familie

Patrik Baboumian
Funktionelles Krafttraining für Helden

224 Seiten, geb.
Best. Nr. 19047 • **€ 24,80**

Der natürlichste und effektivste Weg zu mehr Kraft und Muskelmasse, von Deutschlands stärkstem Pflanzenfresser

Jan Fitschen
Wunderläuferland Kenia

360 Seiten, geb.,
Best. Nr. 18240 • **€ 19,80**

Die Geheimnisse der erfolgreichsten Langstreckenläufer der Welt

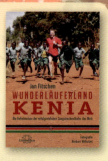

Unimedica • Blumenplatz 2 • D-79400 Kandern • Tel.: +49(0)7626-974970-0
info@unimedica.de • www.unimedica.de

GF **NF**

MANGO-BALSAMICO
auf Vorrat

🕐 ca. 10 Minuten 🍲 für ca. 700 ml

BASICS

ZUBEREITUNG

1 Mangofruchtfleisch grob würfeln. Mit Kokosblüten-zucker und Wasser aufkochen, ca. 5 Minuten auf kleinster Stufe köcheln lassen. Balsamico zugießen, aufkochen, fein pürieren und in eine Glasflasche füllen. Die Ränder sauber halten.

ZUTATEN

1 reife Mango (ca. 300 g)
1 EL Kokosblütenzucker
100 ml Wasser
400 weißer Balsamico

Hinweis : Der Mangobalsamico hält sich ungekühlt mindes-tens 3 Wochen.
Es kann passieren, dass sich zwei Schichten bilden. Diese können durch kurzes Schütteln wieder miteinander verbunden werden.

Variante

Statt Mango können auch Nektarinen oder Aprikosen verwendet werden.

NF

MÜSLI mix

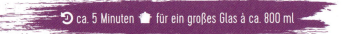
ca. 5 Minuten — für ein großes Glas à ca. 800 ml

ZUTATEN

GRUNDREZEPT
300 g Getreideflocken zart oder kernig
100 g Chiasamen
50 g gepuffter Amarant
50 g Kürbiskerne
50 g ungezuckerte Cornflakes
100 g Cashewkerne
100 g getrocknete Sauerkirschen
100 g Weinbeeren

VARIANTEN

EXOTIC DREAMS
je 50 g getrocknete Ananas, Cranberrys (mit Apfelsaft gesüßt) Physalis, Kokos- und Bananenchips

BIRCHER ART
je 100 g Apfelchips und getrocknete Maulbeeren
50 g Mandeln
50 g Leinsamen

ZUBEREITUNG

1. Alle Zutaten mischen und in ein großes Glas füllen. Für die Varianten werden einfach die Trockenfrüchte und Nüsse aus dem Grundrezept ersetzt. Kühl und trocken lagern.

Hinweis: Die Müslimixe bilden die Grundlage für ein schnelles, gesundes Frühstück am Morgen und kommen ohne Zuckerzusatz aus. Bitte beim Einkauf darauf achten, dass die Trockenfrüchte ungesüßt sind!

IDEAL AUCH ZUM VERSCHENKEN
Hierzu die hochwertigen Zutaten in ein schönes Glas übereinander schichten, beschriften und lieben Menschen eine Freude machen.

BASICS

Free Your Food
IM NETZ

Du willst auch online weitere Rezepte entdecken oder Tipps und Tricks zur Zubereitung erhalten?

Dann schau auf meiner Homepage **www.freeyourfood.de** vorbei. Dort findest Du weiterführende Informationen zum Buch und laufend neue Anregungen und Ideen.

Besuche mich gern auch unter **www.facebook.com/FreeYourFood** sowie auf Instagram unter **www.instagram.com/freeyourfood** oder schreibe mir eine Mail an **kontakt@freeyourfood.de**.

Du hast eines der Rezepte ausprobiert? Lass uns daran teilhaben, indem du Bilder auf Facebook oder Instagram mit dem **#freeyourfood** postest und deine Meinung zu dem Gericht äußerst.
Ich freue mich auf deinen Besuch und bin gespannt auf Bilder und dein Feedback.

BEZUGS-QUELLEN

Die meisten der im Buch erwähnten Produkte wie Chia, Quinoa oder verschiedene Gewürze sind in gängigen Naturkostläden erhältlich.

Du kannst sie auch direkt über unseren Online-Shop *www.unimedica.de* in der Kategorie »Ernährung« erhalten. Dort findest Du ein großes Sortiment an Naturkostprodukten, u. a. auch seltene Produkte.

Auch die für die Rezepte notwendigen Küchengeräte sowie veganes Bio-Proteinpulver und viele Superfoods aus der Serie »Vegan in Topform« sind dort erhältlich.

Eine große Auswahl der Zutaten findest du außerdem in gut sortierten Biomärkten und Reformhäusern. Sollten einzelne Lebensmittel nicht im regulären Sortiment sein, sprich die Mitarbeiter an. Meist werden fehlende Produkte gern für dich bestellt. Außerdem bieten diverse Drogeriemärkte und Onlineshops eine große Fülle an hochwertigen veganen Produkten an.

STICHWORT-
Verzeichnis

A

Acai 94
Agavendicksaft 31, 52, 74, 108, 124
Ahornsirup 31, 56, 70, 94, 137, 146, 182, 201
Amarant 56, 193, 218
Ananas 18, 78, 81, 96, 124, 218
Apfel 18, 42-43, 59, 116, 119, 137, 149, 166, 210
Apfelessig 70, 145, 205
Apfelmark 59
Apfelsüße 60, 66, 88, 91, 96, 115, 127, 141, 149, 170, 181, 186, 193-194, 202, 205-206, 210
Aprikosen 12, 18, 55, 131, 209, 217
Aubergine 18, 157
Austernpilze 137, 169
Avocado 108, 120, 134, 142, 146, 186

B

Babyspinat. *Siehe* Spinat
Ballaststoffe 10, 23, 29-30, 36
Balsamico 1, 107, 112, 120, 123, 127, 217
Banane 18, 25, 31, 36, 51, 55, 66, 69, 78, 80-81, 84, 185, 190
Baobab 41, 73-74, 78, 209
Bärlauch 174
Basilikum 112, 165, 173-174
Beeren 18, 56, 87, 206
Berglinsen 20, 112
Birkenzucker 31, 198, 205-206
Birne 18, 43, 197
Blumenkohl 25, 153
Bohnen 17, 20-21, 25, 115, 123, 146, 170
Brokkoli 25-26, 32, 81, 111, 115, 154, 173
Brombeeren 73, 209
Brot 15, 22, 107, 127-128
Brötchen iv, 41, 73, 137

B (Fortsetzung)

Buchweizen 17, 43, 55, 60, 142, 158, 194, 209, 214
Buchweizenmehl 104, 210
Bulgur 138

C

Carob 65, 202
Cashewkerne 43, 51, 149, 157, 162, 165, 178, 193, 209, 218
Cashewmus 52, 60, 63, 87, 124, 154, 169, 182
Ceylonzimt. *Siehe* Zimt
Champignons. *Siehe* Pilze
Cherrytomaten 150
Chiasamen 23, 26, 32, 51-52, 59, 63, 73, 80, 83, 193, 202, 218
Chili 19, 78, 108, 111-112, 116, 124, 128, 131, 134, 142, 146, 158, 162, 170, 173
Chinakohl 108
Cholesterin 9
Cocktailtomaten 166, 170, 173
Cornflakes 218
Couscous 17, 131
Cranberrys, getrocknet 178, 218
Curry 111, 123, 128, 150, 214

D

Datteln 31, 60, 81, 84, 87, 124, 178-179, 185, 194, 209
Dattelsirup 31, 65, 73
Dattelsüße 31, 70, 73, 197
Datteltomaten 131, 161
Dill 119, 146, 170
Dinkel 202
Dinkeldrink 17, 63, 65-66, 70, 197, 210
Dinkelflocken 59, 73
Dinkelmehl 70, 73, 100, 103-104, 119, 134, 149, 154, 198, 201-202, 205-206, 210

E

Eiweiß. *Siehe* Protein

Erbsen 20, 25, 42, 123, 137, 150-151, 154, 161

Erbsenprotein 17, 84, 88

Erdbeeren 55, 66, 182-183, 193, 195

Erdmandeln 43, 84, 178, 209

Erdnüsse 26, 43, 111, 142

Erythrit 31, 202, 210

F

Feigen 69

Feldsalat 25, 36, 127, 134

Fett 4, 16, 20, 22-23, 56, 78, 153, 158, 173, 205

Fettsäuren, ungesättigte 22, 36

Fleischtomaten 158, 165

Frühlingszwiebeln 120, 124, 128, 142, 169

Fruktose 29

G

Getreide 4, 12, 25, 35

Getreideflocken 201, 218

Goji v, 32, 41, 91

Gojibeeren 51, 65, 91, 178, 209

Goldhirse 103

Granatapfel 66

Grapefruit 70

Grieß 65-66, 103, 145, 170, 189

Grüne Smoothies 36-37

Grünkohl 81

Grüntee 39, 42, 96, 173

Guarkernmehl 70, 138, 198, 201

Gurke 80, 120, 131, 138, 142

H

Haferdrink 17, 59, 69, 174

Haferflocken 17, 25, 69, 150

Hanf 88

Hanfsamen 88, 145, 178

Haselnüsse 43

Hefe 100, 103-104, 149, 202

Hefeflocken 149, 154, 161, 165, 170, 174

Heidelbeeren 32, 63, 74, 131, 151, 194

Himbeeren 52, 60, 66, 93, 181, 195

Hirse 17, 158

Hokkaidokürbis. *Siehe* Kürbis

Hülsenfrüchte 4, 8, 10, 19-21, 25, 27, 35, 40

I

Ingwer 69, 74, 81, 96, 166, 182, 201

J

Jasminreis 150

Johannisbeeren 59, 94, 186, 189, 195

Johannisbrotkernmehl 150

K

Kakao 65, 83, 178, 182, 190, 194, 202, 205

Kakaobohnen 194, 205

Kakaonibs 55, 182-183, 185-186, 205

Kaki 206

Kamutspaghetti 174

Karotten 12, 29, 69, 108, 111-112, 134, 137, 141-142, 145, 150, 157

Kartoffeln 8, 17, 25-26, 29, 112, 138, 145, 169

Kelpnudeln 124

Kichererbsen 17, 19-20, 25-26, 42, 116, 119, 131

Kichererbsenmehl 137

Kidneybohnen 19, 123

Kirschen 12, 52, 66, 205

Kiwi 66

Knoblauch 107-108, 111-112, 115, 127, 131, 137-138, 141, 145-146, 149-150, 153-154, 157-158, 161-162, 165, 169-170, 174

Kohlenhydrate 21-22, 28-30, 36

Kohlrabi 128, 165

Kokosblütenzucker 31, 69, 83, 100, 103-104, 111, 145, 157, 181, 202, 217

Kokoschips 56

Kokosflocken 56

Kokosmehl 56, 69-70, 141

Kokosmilch 17, 78, 83, 111, 185

Kokosmus 181, 209

Kokosöl 70, 73, 111, 134, 150, 154-155, 162, 179, 190, 198, 201-202, 205-206, 209-210

Kokosraspel 78, 178

Kokoswasser 94

Kombucha 41, 93, 193

Konserven 19

Kopfsalat 134

Koriander 40, 131, 153, 162

Kräuteressig 131

Kresse 124, 134, 142
Kreuzkümmel 40, 119, 134, 138, 141, 146, 153, 214
Kuchen 1, 5, 22, 28, 31, 42-43, 47, 177, 206, 210
Kürbis 12, 29, 116, 153, 162, 198
Kürbiskerne 26, 116, 120, 137, 178, 218
Kurkuma 41, 78, 111, 141, 150, 214

L

Lauch 166
Lebensmittelzusatzstoffe 4-5
Leinsamen 23, 69, 103, 150, 218
Lifestyle 12, 38
Limette 56, 74, 94, 108, 111, 123-124, 142, 162, 206
Linsen 17, 20-21, 25-26, 107-108, 112, 170
Lucuma 32, 80, 88, 178
Lupinen 20, 153

M

Maca 32, 52, 80, 178
Macadamianüsse 174
Mandelblättchen 190
Mandeldrink 17, 73
Mandelmus 87, 107, 137, 161, 165-166
Mandeln 25, 43, 69, 108, 123, 150, 154, 166, 178, 197-198, 205, 210, 218
Mango 42, 52, 65-66, 74, 80, 87, 128, 134, 142, 181, 185, 217
Maracuja 51, 66, 185
Matcha 41, 66, 100, 178
Maulbeeren 201, 209, 218
Melone 93, 189
Mesquitepulver 84
Milchreis 63
Mineralstoffe 23, 29, 32, 36
Minze 41, 51, 74, 87, 96, 108, 137, 186, 193, 209
Mohn 42, 70, 170
Möhren. *Siehe* Karotten
Moringa 80
Mungbohnen 42, 111, 141
Muskatnuss 154, 169
Müsli 41, 56, 59, 214

N

Natron 21, 70, 100, 154, 201, 205, 210
Natronlauge 100
Nektarine 18, 51, 91, 93, 96, 194, 217
Nudeln 5, 28, 30, 35, 42, 44, 162, 165, 174
Nussmus 73, 108, 169

O

Oliven 23, 138, 157-158
Olivenöl 104, 107, 112, 120, 127-128, 131, 137, 145, 161, 166, 169-170
Orange v, 41, 56, 60, 63, 65, 70, 80, 83, 96, 108, 116, 120, 124, 194, 198
Oregano 158, 161

P

Paprika 12, 18, 107-108, 112, 119, 123, 142
Pasta. *Siehe* Nudeln
Pastinaken 145
Petersilie 80, 116, 123, 131, 134, 137, 141, 146, 150, 153-154, 157, 174, 185
Pfirsich 18, 41, 51, 88, 127
Physalis 66, 124, 189, 218
Pilze 42, 107, 127, 145, 161, 169
Pinienkerne 149, 158, 173
Pistazien 43, 70
Polenta 103, 138
Protein 20, 22, 24-27
Proteinpulver 25, 88
Pul Biber 138

Q

Quinoa 25, 27, 42, 55, 123, 134, 150-151

R

Radieschen 127
Rapsöl 100, 103, 115-116, 146, 153-154, 202, 205
Ras el Hanout 150
Reifegrad 18
Reis 8, 17, 63, 141, 150, 157, 202
Reisdrink 17, 63, 83
Reisjoghurt 17, 55-56, 123, 138, 141, 153, 186, 193
Reisnudeln 111
Reispapier 142
Reissüße 31, 189, 198
Rispentomaten 157

Rohkost 34, 40, 43, 194, 235
Rosinen 119, 124, 190, 197
Rosmarin 145, 169-170
Rote Bete 32, 134, 146, 149
Rotkohl 142
Rucola 37, 127, 134, 137, 149

S

Salat 8, 34, 36, 101, 120, 123-124, 127-128, 131, 134, 139, 142, 232
Salbei 157
Samen 4, 8, 10, 17, 23, 25, 35, 100
Sauerkirschen, getrocknet 218
Schalotte 150, 166
Schnellkochhirse 158
Schnittlauch 107-108, 145-146, 150
Schokolade 28, 181
Sekundäre Pflanzenstoffe 10-11, 29
Senf 123, 128, 146
Sesam 107, 119, 124, 131, 134, 153
Sesam, bunter 107, 131
Sesam, schwarzer 119, 153
Smoothie 36-37, 41, 43, 78, 80-81, 185
Smoothies, grüne 36-37
Sobanudeln 173
Soja 2, 5, 13-17, 20
Sojaallergie 13-14
Sojaunverträglichkeit 13-14
Sonnenblumenkerne 127, 169
Sonnenblumenprotein 88
Spinat 25-26, 36-37, 80, 154, 185
Spitzpaprika 107, 112, 141
Sport 12, 38-39, 228, 231, 236
Sprossen 35, 42, 108, 111, 123
Stangensellerie 165
Superfoods 32-33, 209
Suppe 111, 115-116
Süßkartoffeln 146, 161, 166
Süßlupinen 153
Süßlupinenmehl 153, 201

T

Tempeh 13-15, 17
Thymian 107, 115, 127, 145, 149, 153
Tiefkühlgemüse 19
Tofu 13, 15, 17, 25-26
Tomaten 18, 42, 101, 104, 134, 139, 142, 157-158, 161, 165-166, 170, 173

Tomatenmark 112, 138, 150, 161
Tonkabohne 60
Torte 208-209
Training 27, 38
Trauben 18, 59
Trockenfrüchte 178, 218

V

Vanille 52, 59-60, 65-66, 78, 83, 87, 91, 178, 181-182, 189, 193, 197, 201, 206, 209, 214
Vanilleschote 63, 74, 185-186
Vitamin B12 8
Vitamine 8, 10, 16, 23, 29, 32, 36
Vollkorn 8, 25, 131, 149, 157

W

Walnüsse 23, 43
Walnusshälften 119
Warenkunde 18
Wassermelone 120
Weinbeeren 218
Weinstein 69-70, 73, 119, 134, 154, 198, 201, 205-206, 210
Weißkohl 124
Wildkräuter 37, 127

Z

Zartbitterschokolade 181
Zimt 42, 65, 69, 84, 116, 119, 178, 195, 197-198, 202, 214
Zitrone 51, 55, 60, 81, 87, 91, 96, 107, 131, 153, 157, 161, 170, 197, 201, 205-206, 209
Zitronengras 80, 111, 162
Zitronenmelisse 88, 94, 120
Zitronenpfeffer 116, 127
Zucchini 18, 44, 69, 81, 137, 142, 157, 162, 165, 185
Zuckerschoten 111
Zusatzstoffe. *Siehe* Lebensmittelzusatzstoffe
Zwetschgen 18, 69, 202
Zwiebel 111-112, 115-116, 131, 137, 141-142, 145, 149-150, 153-154, 157

STICHWORT-VERZEICHNIS

REZEPT-

Verzeichnis von A-Z

A

Antipasti mit Linsenhummus   107
Apfel-Kichererbsensalat mit
    Grillpaprika   119
Apfel-Streuselkuchen   210

B

Baked Veggie-Oatmeal   69
Banana Heaven   190
Baobab-Fruchtaufstriche   74
Birnen-Türmchen   197
Blackberry-Brötchen   73
Black-Forest-Cupcakes   205
Blueberry Breakfast   63
Brokkolicremesüppchen   115
Buchweizen-Crunch auf Vorrat   214
Bulgurbällchen »Greek Style«   138
Bunte Energy-Wraps   134

C

Cocolove   56
Coconut-Kiss   83

E

Erdbeer-Ingwereis mit Schokosoße   182
Erfrischender Melonensalat   120

F

Flammkuchen rustico   149
Flowerpower   202
Fruchtige Zebracreme   52
Fruchtiger Kelpnudelsalat   124
Frucht-Kefir   87
Fruitlove-Rohkosttorte   209

G

Gemüsetaler mit Quinoa   150
Gemüse-Wedges mit Dipduett   146
Ginger-Cookies   201
Glücksrollen »Regenbogen«   142
Goji-Sunrise   91
Good Morning Bowl   55
Green Bowl   66
Green-Smoothie-Icecream   185
Grüntee-Soba mit Tomaten-Pestosoße   173

H

Hummusschiffchen an Couscousinseln   131

K

Kartoffel-Pilzauflauf   169
Kartoffel-stampf »sweet ‚n' yummy«   166
Kichererbsen-Kürbissuppe   116
Kohlrabispaghetti mit Tomatenallerlei   165
Kohlrabitürmchen mit Mango-Salsa   128
Kombucha-Energizer   93
Kombuchia   193
Kürbis Cantuccini   198

L

Lady in Black   65
Lemongrass-Smoothie   80
Linseneintopf »Smokey«   112
Little Miss Sunshine   51
Lupilaffel an Röstgemüse   153

M

Mangobalsamico auf Vorrat   217
Matcha-Laugenbagels   100
Mediterrane Ofenauberginen   157
Melonenschaum   189

Mint Passion   186
Mohnpancakes mit Zitruskompott   70
Mohn-Ravioli mit Linsenfüllung   170
Morgenmuffel-Müsli   59
Mungbohnen-Reistopf   141
Müslimix   218

O

Ofengemüse mit Knobitunke   145
Orangen-Eistee mit Minze   96

P

Pfirsich-Hanfmylk   88
Pieces of Delight   181
Piña-Colada-Smoothie mit Kurkuma   78
Pink Buckwheat-Cup   60
Pinke Pasta mit Kräutercreme   174
Powerballs   178

Q

Quinoa-Powersalat mit Sprossen   123

R

Rohe Chinarollen   108

S

Schnelle Leinsamenbaguettes   103
Schokotraum   194
Sommersalat mit Grillpfirsichen und Knob-
   lauchbrot   127
Spinatpfannkuchen Greeny   154
Stuffed Tomatoes   158
Summerbreeze   94
Süßkartoffel-Erbsen-Champignons mit To-
   maten-Wildreis   161

T

Thai-Gemüsesuppe   111
Tigernut-Shake   84
Torbellinos Italia   104
Triple Green   81

V

Vitalburger Deluxe   137

Z

Zitronenpudding-Kuchen   206
Zoodles mit Asia-Kürbiscreme   162

Abbildungs-Verzeichnis

Rezeptbilder © Larissa Häsler
Autorenbilder © Narayana Verlag, Fotograf
   Jörg Wilhelm

Shutterstock:
Banner und Hintergründe © Ursa Major und
   Tueris
S. 5, 12, 17, 27, 46: © Minii Ho
S. 25: © Pixelbliss

S. 35: © almaje
S. 36: © Africa Studio
S. 39: © Dalibor Sevaljevic
S. 45: © Edu Oliveros (Apfelausstecher);
   © Olga Popova (Kugelausstecher);
   © Iryna Denysova (Limettenzesten);
   © M. Unal Ozmen (Muffinblech); © Eric
   Strand (Messlöffel)

Die AUTORIN

Du willst erfahren, wer hinter Free Your Food steckt? Nichts lieber als das!

Ich bin Larissa Häsler, 24 Jahre jung, und komme ursprünglich aus dem Schwarzwald. Mein Bachelorstudium in Oecotrophologie (Haushalts- und Ernährungswissenschaften) hat mich vor vier Jahren nach Fulda verschlagen, wo ich bis heute lebe. Derzeit bin ich dabei, meinen Master zu machen.

Mein großes Interesse für gesunde Ernährung und gute Lebensmittel habe ich bereits vor vielen Jahren entdeckt, was zur Umstellung von einer »normalen« zu einer vegetarischen Ernährungsweise geführt hat. Da es viel zu entdecken gab, stand ich von nun an fast täglich in der Küche, um zu experimentieren und Neues auszuprobieren. Schnell stellte sich heraus, dass das Kochen und Backen meine große Leidenschaft ist, was auch vor Familie und Freunden nicht verborgen blieb. Wenn ich zu Hause war, gehörte die Küche mir und wehe, es verirrte sich jemand in »meine Versuchsküche« …!

Über die Jahre sammelte sich einiges an Koch- und Backerfahrung an, sodass letztlich die Umstellung zur veganen Ernährung problemlos funktionierte. Dann kam der Zeitpunkt, ab dem ich keine Sojaprodukte mehr vertrug. Nun war noch mehr Kreativität gefragt und ich stöberte in dem einen oder anderen Kochbuch, um Anregungen zu finden … und festzustellen, dass in fast allen veganen Kochbüchern massenweise Sojaprodukte verarbeitet werden! Dies witterte ich als Chance, um meinen langjährigen Traum vom eigenen Kochbuch zu verwirklichen. Mit Free Your Food möchte ich einen Gegenpol zu den vielen veganen Kochbüchern, in denen stark verarbeitete Produkte verwendet werden, bilden und zeigen, wie bunt und lecker die vegane Küche mit frischen, natürlichen Zutaten sein kann.

Was ich sonst so mache, wenn ich nicht gerade in der Uni, am Rezepteschreiben oder Kochen bin? Ich mache viel und gerne Sport und power

DIE AUTORIN

mich am liebsten im Fitnessstudio beim Krafttraining und beim Laufen aus. Außerdem bin ich eine kleine Weltenbummlerin, da mich ferne Länder faszinieren und ich es liebe, neue Kulturen kennenzulernen. Meine liebe Mama, mein hilfsbereiter Papa und meine tolle Schwester Tamara nehmen in meinem Leben einen großen Stellenwert ein, weil sie mich bei allem, was ich tue, unterstützen und immer für mich da sind. Meine Freizeit verbringe ich gern mit meinen unglaublich tollen Freundinnen und Freunden sowie mit meiner Kamera, mit der ich versuche, besondere Momente einzufangen und festzuhalten.

IMPRESSUM

Larissa Häsler
Free Your Food
Clean Eating mit 80 köstlich veganen, sojafreien Rezepten
1. deutsche Auflage 2016
2. deutsche Auflage 2016
ISBN: 978-3-944125-74-9
© Narayana Verlag 2016

Layout: Nicole Laka
Coverlayout: Nicole Laka

Herausgeber:
Unimedica im Narayana Verlag GmbH, Blumenplatz 2, 79400 Kandern
Tel.: +49 7626 974970-0
E-Mail: info@unimedica.de
www.unimedica.de

Alle Rechte vorbehalten. Ohne schriftliche Genehmigung des Verlags darf kein Teil dieses Buches in irgendeiner Form – mechanisch, elektronisch, fotografisch – reproduziert, vervielfältigt, übersetzt oder gespeichert werden, mit Ausnahme kurzer Passagen für Buchbesprechungen.

Sofern eingetragene Warenzeichen, Handelsnamen und Gebrauchsnamen verwendet werden, gelten die entsprechenden Schutzbestimmungen (auch wenn diese nicht als solche gekennzeichnet sind).

Die Empfehlungen dieses Buches wurden von Autoren und Verlag nach bestem Wissen erarbeitet und überprüft. Dennoch kann eine Garantie nicht übernommen werden. Weder die Autoren noch der Verlag können für eventuelle Nachteile oder Schäden, die aus den im Buch gegebenen Hinweisen resultieren, eine Haftung übernehmen.

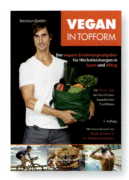

Brendan Brazier

VEGAN IN TOPFORM – DER ERNÄHRUNGSRATGEBER

Der vegane Ernährungsratgeber für Höchstleistungen in Sport und Alltag

352 Seiten, geb., € 26,–

Bereits im Alter von 15 Jahren entschied er sich, Profisportler zu werden. Im Laufe seiner Karriere erforschte er minutiös, welche Ernährung seine Leistung und vor allem die Regenerationsphase optimierte. Das Ergebnis ist die legendäre Thrive-Diät, die bereits viele Spitzensportler zu einer olympischen Medaille geführt hat. Die Thrive-Diät richtet sich nicht nur an Profisportler, sondern an jeden, der optimale Gesundheit und Leistungsfähigkeit erlangen und Krankheiten vorbeugen möchte.

Brendan Brazier hat die vegane Ernährung revolutioniert und achtet dabei auf eine ausgewogene Kost mit ausreichend Proteinen und anderen Nährstoffen. Hier setzt er auch auf Superfood wie die Andenwurzel Maca, die legendäre Alge Chlorella oder das nahrhafte Hanfprotein.

Die Thrive-Diät führt zum Abbau von Körperfett und Aufbau von Muskelmasse, zu Leistungssteigerung, weniger Stress und Heißhunger auf Junkfood, geistiger Klarheit und besserem Schlaf.

»Ich bin voll Dankbarkeit für dieses Buch und für Brendan ... Die von Brendan Brazier beschriebene zusätzliche Energie und der tiefere Schlaf haben sich schon bemerkbar gemacht ... Dieses Buch zeigt uns allen den Weg.«

– Hugh Jackman, Schauspieler

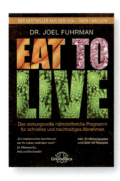

Joel Fuhrman

EAT TO LIVE

Das wirkungsvolle, nährstoffreiche Programm für schnelles und nachhaltiges Abnehmen

432 Seiten, € 24,80

EAT TO LIVE ist das Grundlagenwerk für gesunde Ernährung. Der amerikanische Erfolgsautor und Arzt Dr. Fuhrman stellt damit ein mächtiges Werkzeug zur Verfügung, um dauerhaft Gewicht zu verlieren und die Gesundheit wiederzuerlangen. In den USA ist es ein Dauerbrenner, über 1 Million verkaufte Bücher sprechen für sich.

Joel Fuhrman zeigt, wie allein mit der richtigen Ernährung Bluthochdruck, Diabetes, Autoimmunkrankheiten, Migräne, Asthma und Allergien dauerhaft geheilt werden können.

Mit seinem 6-Wochenplan kann man Heißhungerattacken und Verlangen nach Junkfood hinter sich lassen. Das Geheimnis liegt in der Nährstoffdichte, das bedeutet die Einnahme von viel nährstoffreicher Nahrung. Übergewichtige sind trotz Überernährung meistens damit unterversorgt. Das Buch revolutioniert unser Denken und unsere Essgewohnheiten.

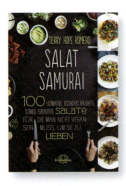

Terry Hope Romero

SALAT SAMURAI

100 ultimative, besonders herzafte, schnell zubereitete Salate, für die man nicht vegan sein muss, um sie zu lieben

192 Seiten, geb., € 19,80

Terry Hope Romero ist Bestseller-Autorin von Kochbüchern aus New York und hat für ihre kulinarischen Meisterleistungen bereits so manchen Preis abgestaubt. Mit Salat Samurai kehrt sie zurück, um Sie in den Weg des Gemüse-Kriegers einzuweisen. Sie befreit den Salat mit mehr als 100 wunderbaren, sättigenden Hauptspeisen von seinem „Beilagen"-Status und Ruf als langweilige Kummerkost.

Mit deftigen Grundlagen, pikanten Dressingsund Unmengen an mordsleckeren Toppings geleitet Sie dieses Buch zu einem wahrhaftigen Salat-Krieger.

Die vielseitigen fleisch- und milchfreien Gerichte bedienen sich vollwertiger und saisonaler Zutaten und bilden, nach Jahreszeiten angeordnet, ein ganzes Jahr voller unvergesslicher Speisen (ja, Salat kann auch den tiefsten Winter aufheizen!).

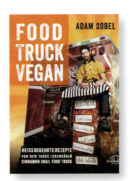

Adam Sobel

FOOD TRUCK VEGAN

Heiß begehrte Rezepte von New Yorks legendärem Cinnamon Snail Food Truck

272 Seiten, geb., € 24,–

Was ist das Geheimnis dieses Food Trucks? Er eroberte die Straßen von New York City im Sturm. Bei jedem Wetter stehen Vegetarier, Veganer und Fleischesser geduldig und in schönster Eintracht nach den berühmten, bis obenhin mit Zucker glasiertem Seitan und Ancho-Chili-Aioli gefüllten Sandwiches an. Pfannkuchen mit frischen Feigen, Kamille-Blutorangensirup und Pinienkernmus besitzen offenbar eine ähnliche Anziehungskraft.

Jetzt liefert ADAM SOBEL, der sympathische Gründer des »Cinnamon Snail« Food Trucks, die Rezepte seiner süchtig machenden Spezialitäten als Buch direkt in Ihre Küche aus. Neben vielen superleckeren Snacks finden sich darin auch größere Mahlzeiten wie Tofu mit Rosmarinkruste, Brotpudding mit Knoblauch und Estragon, würzige Tofustreifen in Bierteig und Tempeh-Empanadas.

Natürlich verrät ADAM SOBEL hier auch die Rezepte für seine legendären Donuts und anderen köstlichen Gebäckteilchen, verfeinert mit Erdnuss-Schokoladenguss, Lavendel, Schwarzem Tee oder Tamarinde. Und er lässt uns teilhaben am anstrengenden, aber beglückenden Alltag eines Food-Truck-Besitzers, am täglichen Kampf mit lästigen Blechschäden und Strafzetteln. Vor allem aber erfahren wir von seiner bewundernswerten Fähigkeit, sein Essen trotz aller Widrigkeiten auf New Yorks Straßen mit Fantasie, Liebe und einer Prise Weltverbesserung zu würzen.

Eric und Jessica Childs

KOMBUCHA!

Der natürliche Energydrink, der vitalisiert, heilt und entgiftet

216 Seiten, geb., € 19,80

Der komplette Kombucha-Ratgeber mit allen wichtigen Hintergrundinformationen zu dem beliebten probiotischen Tee.

Kombucha wird schon lange von Therapeuten, Spitzensportlern, Yogis und anderen Gesundheitsexperten für seine beeindruckenden gesundheitsfördernden Kräfte gepriesen. Jetzt erobert er auch den Rest der Welt. Kombucha, ein fermentiertes Getränk auf Teebasis, wirkt vitalisierend, heilend und entgiftend.

Eric und Jessica Childs, Gründer von Kombucha Brooklyn und erfahrene Kombucha-Experten, teilen in diesem umfassenden Ratgeber ihr wertvolles Wissen. Dabei gehen sie nicht nur auf den wissenschaftlichen und kulturellen Hintergrund des so gesunden wie schmackhaften Getränks ein, sondern zeigen auch anhand von 50 leckeren Rezepten die kulinarische Seite von Kombucha – vom schmackhaften Kombucha-Brot über Wraps und Superfood-Smoothies bis zu spritzigen Cocktails. Auch als Verjüngungskur in selbst hergestellten Kosmetika kommt er zum Einsatz. Ein Buch, das inspiriert – man kann kaum warten, den ersten Kombucha selbst zu brauen und zu kosten.

Rich Roll / Julie Piatt

DAS PLANTPOWER KOCHBUCH

Rezepte und Tipps zur veganen Lebensweise für die ganze Familie

340 Seiten, geb., € 34,–

Ein Familienkochbuch über die Kraft der veganen Ernährung – mit 120 Rezepten vom berühmten veganen Ultraman-Athleten Rich Roll und seiner Frau Julie Piatt.

Ein Buch voller Inspirationen und praktischen Anleitungen für mehr Lebensfreude und blühende Gesundheit. Die Rezepte sind einfach in der Herstellung – vom herzhaftem Frühstück über schmackhafte Hauptgerichte und ungewöhnliche Desserts bis zu gesunden Smoothies und Säften. Das Buch geht jedoch noch weit über Rezepte hinaus und gibt Impulse, wie eine moderne Familie heute eine vegane Lebensweise umsetzen kann – mit köstlichem Essen und einfachem, nachhaltigem Leben.

»Rich und Julie sind der lebendige Beweis, wie wunderbar eine vegane Ernährung sowohl für Athleten als auch für Familien geeignet ist. Selbst wenn Sie nicht für einen Ultramarathon trainieren, werden Sie das Plantpower-Kochbuch lieben!«

— Brendan Brazier, Bestsellerautor der Vegan in Topform-Reihe

Ernährung
Fitness & Sport
Naturheilkunde
Homöopathie
Akupunktur
Mensch
& Tier

In unserer Online-Buchhandlung
www.unimedica.de
führen wir eine große Auswahl an deutschen, französischen und englischen Büchern über Fitness, gesunde Ernährung, Naturheilkunde und Homöopathie. Zu jedem Titel gibt es aussagekräftige Leseproben.

Auf der Webseite gibt es ständig Neuigkeiten zu aktuellen Themen, Studien und Seminaren mit weltweit führenden Homöopathen, sowie einen Erfahrungsaustausch bei Krankheiten und Epidemien.

Ein Gesamtverzeichnis ist kostenlos verfügbar.

Blumenplatz 2 • D-79400 Kandern • Tel: +49 7626-974970-0 • Fax: +49 7626-974970-9
info@unimedica.de